eye.
守望者

—

到灯塔去

现代性

汪民安 著

南京大学出版社

目 录

导 论 ·············· 1

一 现代生活 ·············· 13

二 现代资本主义 ·············· 45

三 现代观念 ·············· 105

四 工业主义和民族-国家 ·············· 165

五 现代性的冲突 ·············· 195

后 记 ·············· 215

再版后记 ·············· 219

导 论

没有哪个词比"现代性"这个词的解释更加纷繁多样的了。一般来说,现代性是16世纪以来首先出现在欧洲的社会事实和观念事实。但是,按照姚斯的考证,"现代"(modernus)一词在5世纪就出现了,这个词旨在将刚刚确定地位的基督教同旧的异教的罗马社会区别开来。正是在这个意义上,"现代"一词意味着现在和过去的断裂。它在欧洲的反复使用,就是为了表现出一种新的时间意识,就是要同过去拉开距离而面向未来。① 它"把自己理解为新旧交替的成果"②。如果是这样的话,那么在历史上就会有各种各样的现代——在查理大帝时代,在12世纪,在启蒙时期,都会出现这样急于摆脱过去而欣喜地拥抱当前和未来的现代。这样的现代为求新的意志所主宰。但是,现在通常说的现代,在时间断裂的意义上,只是针对中世纪。只是在同中世纪剧烈的对照中,只是在整个社会的政治、经济、文化和观念同中世纪全面决裂的背景下,现代性才萌芽,它自身的独特性才崭露头角。

但是,这样一种现代性到底有哪些特征?可以以最简略的方式对现代性进行叙事,而不是将它概念化。现代性的序曲阶段,是以文艺复兴和宗教改革为标志的,这是走出中世纪的开

---

① 哈贝马斯:《后民族结构》,曹卫东译,上海人民出版社2002年版,第178页。
② 哈贝马斯:《现代性——未完成的工程》,丁君君译,载《现代性基本读本》,汪民安、陈永国、张云鹏主编,河南大学出版社2005年版,第108页。

始,正是在这个阶段,人开始了自我发现,教会受到了质疑,社会的宗教色彩开始淡化,个人主义的种子开始发芽,世俗生活逐步获得了肯定。在这个意义上,现代性的过程,用韦伯的说法就是除魔化的过程,也是一个理性化的过程。现代社会的除魔化实践,逐渐使现代性在政治、经济、文化、观念乃至整个社会层面表现出它不同于中世纪的独特的现代特征。

而这些现代社会的特征,就构成了现代性的主要内容。显而易见,有一种政治层面上的现代性:从马基雅维里到霍布斯再到洛克,现代国家的概念建立起来。这个国家是技术性的人工制品,而非天然的秩序法则;是人间的社会契约,而非上帝的神秘天意;是对自然权利和意志的保障,而非对它们的强迫限制。这个现代国家的政治构想摧毁了中世纪政治的神学基础。它的核心是,个人乃最高的价值,个人及其权利是社会的法律、政治、经济和文化的根基。这是从自由主义政制的角度谈论的现代性。还存在一种经济层面上的现代性。资本主义和工业主义从16、17世纪开始发展，它们在特定的条件下联姻，从而使得商品经济的规模爆炸性地增长，中世纪自给自足的封闭的庄园经济遭到了不可逆转的毁坏。农业社会的沉默和稳定被打破了，以工业经济为主导的现代大都市开始露出喧嚣的面容。到了成熟的资本主义时期，一切都被商品化——按照马克思的说法，旧时代"一切固定的东西都烟消云散了"。商品的穿梭动力必定使得一个巨大的世界市场成为目标，为此，殖民主义和帝国主义的战争烟火四处弥漫。就理论而言，亚当·斯密"看不见的手"让市场至上的经济观念合法化。这种观念同洛克的政治观念一结合，就奠定了资本主义政治经济学的完整版本。最后，从哲学上而言，笛卡尔的理性主义奠定了现代主体哲学。笛卡尔式的理性主体既是自然身体的对立面，也是自然世界的对立面。同培根一样，这个理性主体发誓要对自然世界进行征服和整饬，而这正是另一种形式的除魔实践，即不仅要清除上帝的魔法，还要清除自然界的魔法，这也是18世纪启蒙思想的一个来源。在这里，理性的人摆脱了上帝和自然的双重阴影。到了18世纪的启蒙思想家那里，理性既是神学的对立面，也是自然的对立面。一切事物和观念都必须站到理性面前接受审判。

就此而言，理性是现代性的一个核心观念。但是，理性的意义多种多样。它不仅仅是各种神魔的对立面。韦伯同样将理性作为现代社会组织形式的内在根基。无论是现代国家，还是现代企业，其组织方式的内在脉络都是理性。但这个意义上的理性，指的是精心规划和仔细盘算。现代社会机构充斥着这种计划性。理性之所以受到推崇，是因为它能提高效率。这样的理性无所不在，以至于现代"国家生活的整个生存，它的政治、技术和经济的状况绝对地、完全地依赖于一个经过特殊训练的组织系统"[1]。这就形成了

---

[1] 马克斯·韦伯：《新教伦理与资本主义精神》，于晓、陈维纲等译，三联书店1987年版，第7页。

韦伯那著名的忧郁"铁笼"。而这个铁笼,毫无疑问同福柯笔下冷酷权力充斥其间的"监狱群岛"相呼应——无论是铁笼,还是监狱,都是对现代性的社会组织和机构层面的描述。

到此,我们看到了作为历史实践过程的现代性:它是一种同中世纪决裂的多层面的历史进程(我们有时将这个现代进程称为现代化)。它包括政治、经济、技术、观念和社会组织层面上的逐步现代化,这个进程一波三折,到了工业革命和法国大革命之后的 19 世纪,也就是说,到了现代性的成熟时期,它逐渐累积起来的形象就是疆域固定的民族-国家、自由民主政制、机器化的工业主义、市场化的资本主义、主体－中心的理性哲学、权力和理性巧妙配置的社会组织,以及所有这些之间的功能联系,等等。但是,现代性,这种(现代化的)历史进程除了包含丰富的多层面历史内容外,还展现出某些独一无二的禀赋:它几乎是不容置疑地相信自己在不断地进步——这是另一层意义上的现代性。其核心观念可以表述如下:越是新的,就越是现代的。它为一种进步主义和发展主义欲望所主宰。这种现代性具备一种明确的时间意识,"这种现代性是转瞬即逝的——今天的先进到了明天就过时了"①。它意味着,相较于过去的历史阶段,现在更为进步,更加成熟。"在对转瞬即逝、昙花一现、过眼烟云之物的抬升,对动态主义的欢庆中,同时也表现出一种对纯洁而驻留的现在的渴望。"②这是现代性的乐观气质。它首先在波德莱尔那里得到了表达。最后,这个肇始于16世纪的现代性的物质化进程绝不是自己孤独地奋进,它毫无疑问将现代人裹挟其中,并驱使着现代人不断地咀嚼、品尝和回味这个历史性的现代性浪潮。这就是现代性激发的个人体验。现代人和现代化进程之间就存在这样一种

---

① 沃勒斯坦:《沃勒斯坦精粹》,黄光耀、洪霞译,南京大学出版社 2003 年版,第 527 页。
② 哈贝马斯:《现代性——未完成的工程》,丁君君译,载《现代性基本读本》,汪民安、陈永国、张云鹏主编,河南大学出版社 2005 年版,第 109 页。

互动的复杂的经验关系：现代生活锻造了现代意义上的个体，锻造了他们的感受，锻造了他们的历史背影；同样，这个现代个体对现代生活有一种前所未有的复杂经验。现代主义文化，正是这种经验感受的历史书写。人们有时也把这种现代性经验称为现代性。这个意义上的现代性指的是人们对现代社会的体验，以及经由这种体验所表达出来的态度，人们也把受到现代社会猛烈撞击的文人的感慨、抒情称为现代主义。这其中的一种表达了肯定的态度，即对现代性的历程欢呼雀跃（如未来主义）；而另一种则表达了否定的态度，现代性进程引发了人们的沮丧、忧郁、焦虑、呐喊和反抗，最著名的说法是将现代社会称为"荒原"。

物质性的现代性进程、被这种进程席卷而去的现代人，以及这二者之间敏感而丰富的经验关系，最后，贯穿在现代时期的对这个进程大力推动或者冷嘲热讽的各种哲学观念和时间意识，所有这些，构成了现代性的核心内容。但是，现代性的每一个层面在自身的发展过程中,都遭到了反诘和批判。 现代性的一路凯歌总是伴随着诅咒。 同时,现代性的各个层面也常常相互抵牾,如美学现代性总是和社会现代性发生争执。不仅如此,现代性作为一种欧洲特有的现象,它的普遍性也开始遭到质疑。 自由主义的政治经济学是一种现代性,社会主义的政治经济学是不是另一种现代性? 这样,另类现代性和多元现代性的概念出现了。 人们不断地就现代性的概念发生争执,人们不断地质问是哪一种现代性,不断地质问是现代性的哪个层面。 现代性就在冲突中展开了它的叙事:现代社会和古代社会的冲突,现代文化和现代社会的冲突,现代技术和现代经验的冲突,现代欧洲和非现代欧洲地区的冲突,正是这些冲突引发了现代性的危机。 于是,一种反现代性的欲望如现代性欲望一样,固执地在现代性的历史中浮现。 今天,各种各样的后现代主义是反现代性的最新、最暴躁和最激进的表达。

这本小书试图对此做出简要的叙述。我从现代性的各个层面着手——这毫无疑问是考虑到了叙述的方便。事实上,现代性必须被视作一个历史化的复杂的内部矛盾重重的悖论系统,在其中,必定是牵一发而动全身。它像一艘巨轮一样,从16世纪开始慢慢驶离了那个完全由上帝宰制的中世纪码头。

一

现代生活

在《现代生活的画家》中,波德莱尔对画家居伊推崇备至。这是因为,一般的画家总是将目光转向过去和古代,而居伊却对现代生活充满了兴趣,他满怀激情地寻找全社会的激情,从白天到夜晚,而且一点都不遗漏。按照波德莱尔的说法,居伊是一个画家,同时也是一个同全社会打交道的社交家。他全神贯注,马不停蹄,四处游逛、观察、寻找,他将"在任何闪动着光亮、回响着诗意、跃动着生命、震颤着音乐的地方滞留到最后"①。并且,在芸芸众生之中,在反复无常和变动不居的生活场景中,他获得了巨大的快乐。那么,他在都市中,在人群里,在大街上,到底在观察和寻找什么呢?波德莱尔说,他寻找的是"现代性"。那么,什么是现代性?"现代性就是过渡、短暂、偶然,就是艺术的一半,另一半是永恒和不变。""他到处寻找现时生活的短暂的、瞬间的美,寻找读者允许我们称之为现代性的特点。"②居伊在这里寻找现代性,实际上就是寻找现代生活的独特性,即现代生活的短暂性、瞬间性和过渡性,而这种短暂性和瞬间性里恰恰充斥着艺术之美。波德莱尔将现代性定义为"过渡、短暂、偶然",这个定义如果不是涉及现代生活的定义,我们就会不知所云。实际上,波德莱尔的"现代性",就是现代生活的特性——短暂性、瞬间性和偶然性。

---

① 波德莱尔:《波德莱尔美学论文选》,郭宏安译,人民文学出版社1987年版,第483页。
② 同上书,第485页。

一　现代生活

波德莱尔是从现代生活的角度来定义现代性的，因此，"现代性就是过渡、短暂、偶然"；用更准确的说法就是，现代性的特性就是过渡、短暂、偶然。现代性的这些特性就是现代生活——波德莱尔置身的19世纪的现代生活——的特性。波德莱尔强调这种现代性（现代生活）的重要性，是因为他强调这种现代生活中同样蕴含着美，这种现代生活的短暂性、过渡性和偶然性中包含着美——美既可能蕴含在永恒性中，也可能蕴含在短暂性中。"美永远是、必然是一种双重的构成……构成美的一种成分是永恒的、不变的，其多少极难加以确定，另一种成分是相对的、暂时的，可以说它是时代、风尚、道德、情欲……如果你们愿意的话，那就把永远存在的那部分看作艺术的灵魂吧，把可变的成分看成它的躯体吧。"[1]因此，你无权蔑视现在，无权蔑视现代生活，无权蔑视现代生活中过渡的、短

---

[1] 波德莱尔：《波德莱尔美学论文选》，郭宏安译，人民文学出版社1987年版，第475—476页。

暂的、变化如此频繁的成分，无权蔑视现代的"风尚、道德、情欲"，无权蔑视现代生活中的全面风俗。那些对现代生活进行全面描绘的画家，堪称"现代生活的英雄"。

波德莱尔的美学观——美和艺术的一种成分是永恒的，另一种成分是瞬间的——在今天看来，并不能令人满意，但这对我们来说无关紧要。我们要强调的是，波德莱尔的现代生活和现代性指的是"大城市的风光"，"由雾霭抚摸着的或被太阳打着耳光的石块构成的风光"。这个大城市有妖艳、神秘和复杂的女人，有冷漠、骄傲和挑衅的浪荡子，有雄赳赳、冷静和大胆的军人，有隆重的典礼和盛大的节日，"有漂亮的装束，高傲的骏马，一尘不染的青年马夫，灵活的仆役，曲线尽露的女人，美丽的、活得幸福穿得好的孩子"①。这就是画家眼中的"全面的生活"，它们拥挤在一起编织了巴黎街头的风

---

① 波德莱尔：《波德莱尔美学论文选》，郭宏安译，人民文学出版社1987年版，第482—483页。

光，这风光被巨大的电能所充斥着，它像一个巨大的万花筒，丰富多彩，瞬息万变，并表现出"运动的魅力"。这个变动不居的世界既是现代性的，也可以构成艺术的和审美的对象。因此，在波德莱尔这里，艺术、现代生活和审美在短暂性、瞬间性和现时性中融为一体。现代性，在这里同时包含了社会生活的现代性和艺术的现代性：社会生活的现代性成为艺术的现代性的源头和内容。"我们从现在的表现中获得的愉快，不仅仅来源于它可能具有的美，而且来源于现在的本质属性。"艺术和社会生活，只有像居伊这样充满激情的观察者才能连接起来，因此，这种目不转睛的游逛者恰恰是这两种现代性之间的桥梁——这样的游逛者就是现代人。

因此，波德莱尔的现代性在这里就有如下的意义：现代生活的短暂性和偶然性；艺术和美所体现出来的短暂性和偶然性；最后一个隐含的论断是对现时生活充满孩童般体验兴趣的现代人的现代性。现代人、现代艺术（审美）和现代生活是波德莱尔现代性中的另一个三位一体,在波德莱尔的现代性规划中,它们缺一不可。这样的现代性,"在对转瞬即逝、昙花一现、过眼烟云之物的抬升,对动态主义的欢庆中,同时也表现出一种对纯洁而驻留的现在的渴望"。

波德莱尔是在同古代对比的过程中来突出现代生活的重要性的。居伊之所以是现代生活的英雄,就是因为他没有将目光转向过去,而是紧紧盯住现在。居伊和波德莱尔正是在现代生活中——而绝不是在古代生活中——发现了短暂性、瞬间性和偶然性,因此,现代性在这里还被赋予了历史性的特点——它是一个特定历史时段的产物。正是在这个历史时段,波德莱尔所称的现代生活,才是瞬息万变的、过渡的、短暂的和不牢靠的。

同居伊一样,波德莱尔是艺术家,现代生活击中了他,用他的话来说,艺术家的"独创性都来自时间打在我们感觉上的印记"。现代生活和现代性都是他的感觉的印记。他可以从现代生活中提取美的成分,但他并不对现代生活做出价值的判断。

如孩童般狂热地迷恋现代生活，是艺术家的美学责任，而不是历史学家的道德责任。 只是从艺术的角度，波德莱尔才肯定了现代生活，肯定了现代生活的变易性。 因此，马歇尔·伯曼敏锐地发现，波德莱尔有时将现代生活描绘为田园诗，有时将它描写为反田园诗。 波德莱尔在巴黎行政长官奥斯曼修建的林荫大道——这是现代生活最显著的标志——上发现了穷人的奥秘。 在繁华的街头，贫困和丑陋像伤疤一样嵌入现代生活的眼帘。 在到处都是"光亮、灰尘、喊叫、欢乐和嘈乱"的兴高采烈的街头，在到处都是"生命力的疯狂的爆炸"的街头，波德莱尔发现了一个衰弱老人的"绝对凄惨"，"那流动的人流和光影就距他厌恶的凄惨景状几步之远"[①]。 波德莱尔在现代性的碎片的光亮面前绝不只是感受到了艺术之美，还感到"喉咙被歇斯底里的大手掐住了"。 伯曼相信，在波德莱尔这里，现代生活内部有一种田园诗与反田园诗之间不

---

① 波德莱尔：《波德莱尔散文选》，怀宇译，百花文艺出版社1995年版，第36页。

可调和的张力。但是,伯曼似乎不太清楚的是,这是作为艺术家的波德莱尔和作为历史学家的波德莱尔之间的张力——瞬息万变的碎片般的现代生活和现代性,对于不同的人来说,就有不同的后果和不同的意义。巴黎的欣快在对抗巴黎的忧郁。如伯曼所言,对现代性的态度一直为一种矛盾性所折磨。

波德莱尔的现代性是在19世纪的都城巴黎中找到的。这是"大都市与精神生活"的经典性现象学描述。半个世纪后,在西美尔的柏林,这个主题和旨趣再次被发现。西美尔在柏林贸易展中——这个贸易展将现代生活发明出来的所有的新式商品聚集起来——同样感受到了几十年前波德莱尔在巴黎感受到的现代生活的特征。西美尔发现,在观看柏林贸易展时,每个人的好奇心都被不断地激发出来,同人们擦肩而过的东西,不断地给人们带来惊喜,这些印象迅疾、丰富、多样,"非常适合使早已被刺激过度了的疲惫神经再度兴奋起来"。现代大都市完全可能变成一个物的差异性海洋,没有任何重要的物品遗漏在人们的审美冲动之外。西美尔虽然是将目光聚焦在都市的某一个特定时刻和特定场景,但这种反反复复的刺激性印象毕竟是现代都市的产物。在《大都市与精神生活》中,西美尔明确地断言:"都会性格的心理基础包含在强烈刺激的紧张之中,这种紧张产生于内部和外部刺激快速而持续的变化……瞬间印象和持续印象之间的差异性会刺激他的心理。"①这就是大都市所创造的心理状态。正是这种瞬间印象对人的持续作用,使现代都市人同乡村人迥然有异,后者置身于一种稳定、惯常和缓慢的节奏中,而都市培育了一种独特的器官,使现代都市人免于这种危险而瞬即的都市潮流的意外打击,因此,这种器官必须麻木不仁。这就是冷漠、厌世和对对象的惊人的不敏感。

西美尔和波德莱尔不约而同地将瞬间性作为现代生活——都市生活——的特点,但是在波德莱尔

---

① 齐奥尔格·西美尔:《时尚的哲学》,费勇、吴燕译,文化艺术出版社 2001 年版,第 186—187 页。

鼓励对现代生活充满激情的地方，西美尔却发现了乏味的反激情的算计。艺术家从瞬间性中发现了美，但普通的都市人正是为了应对这种瞬间性和不可预见性而发明了世故、冷漠和算计。在现代都市主导性的标准化货币经济中，都市人只有按照严格的数字换算方式行动，才能抵御多样性和可变性带来的困扰。人和人之间以前那种个性化的富有特色的交往，现在荡然无存。货币制度虽然能够将大部分人关联起来，但这种关联是平均化的、公式化的和理性化的。大都市的生活让理性的心理状态和货币经济形式相互强化。不过，货币也可以激起人对它的狂热追逐，从这个意义上来说，货币同样点燃了现代人的激情。货币就这样保留了它的两面性："它一方面使非常一般性的到处都同等有效的利益媒介、联系媒介和理解手段成为可能，另一方面又能够为个性留有最大限度的余地，使个体化和自由成为可能。"[①]货币文化同都市生

---

① 齐奥尔格·西美尔：《金钱、性别、现代生活风格》，顾仁明译，学林出版社2000年版，第6页。

活是一体的，都市生活越来越复杂、紧张，越来越像一些纷乱的碎片，引起强烈的神经刺激，结果只好是，"现代精神越来越精于算计"，越来越排斥那些狂野的本能冲动，排斥波德莱尔式的孩童般的激情和好奇心。烦躁的现代生活，只能借助中性而冷漠的金钱媒介来反向地均衡化。"在奔流不息的金钱溪流中，所有的事物都以相等的重力漂荡。"在都市生活中，人为了生计，不得不同人进行残酷而冷静的斗争。

这些敏于算计的都市人，越来越表现出克制、冷漠、千篇一律的退隐状态。人们的分明个性在不断地消失。而且，都市中物质文化的主宰，都市中压倒性的劳动分工，使个体越来越孤立。劳动分工要求个体只能专注于某一方面，显然，这种专业化趋势会导致个体人性上的不完善，面对都市琐细而复杂的组织，个体仅仅是都市机器的齿轮。都市基本上是一个异化和非人格化的场所。现代都市的物质文化的高度发展，它的复杂性和丰饶性，使西美尔同样发现了都市现代生活的辩证法：

一方面，复杂而缤纷的现代生活不断地对个体进行刺激，激发对个性的追逐，"它们仿佛将人置于一条溪流里，而人几乎不需要自己游泳就能浮动"①；另一方面，个性难以为继，它被劳动分工、被物质生活吞噬了。这种将个体齿轮化的都市生活，反而激发了寻求个人独特性的欲望。非个体化和个体化，厌世和激情，自保式的算计和高傲的卓尔不群，这两种个体在现代都市的生活舞台上登场。

西美尔没有忘记将这种现代都市的精神状况历史化。都市的精神状况的两面性正好是现代时期的精神状况。18世纪的自由主义发现了普遍性的个人主义：所有的人都是具有普遍人性的自由平等的个人。但在19世纪，浪漫主义发现了非普遍性的个人主义：自由的个人之间彼此还保持着差异性，这种差异性赋予个体追求与众不同的荣光气质。这两种对个人的理解，恰好都被现代大都市

---

① 齐奥尔格·西美尔：《时尚的哲学》，费勇、吴燕译，文化艺术出版社2001年版，第198页。

接纳了。现代都市既将个人均等化,也激发对个性的追逐。如果说大都市的出现是在 19 世纪的话,那么,在这个现代时期,或者说,在现代性的一个高潮时段,依附于都市的现代人就挣扎在均等化和个性化的矛盾之中。对都市的狂热赞叹和深仇大恨正是对这种矛盾的反应。在波德莱尔那里,现代生活的两面是幸福和凄惨,富裕和贫穷;在西美尔那里,现代生活的两面是消灭个性和创造个性。

西美尔将都市生活作为一个重要的干预楔子嵌入了世界精神历史中。如同波德莱尔的巴黎生活,西美尔的都市生活是现代生活的重要表征。都市,是现代性的生活世界的空间场所。也可以说,现代性,它累积和浮现出来的日常生活只有在都市中才得到表达。现代性必须在都市中展开,而都市一定是现代性的产物和标志,二者水乳交融。波德莱尔和西美尔的出发点有同有异。相同的是,两人都有志于揭示现代都市中的现代人的生活风格;不同的是,波德莱尔要求在现代生活中发现艺术之美,而西美尔志在于现代生活中发现都市人个性的消失和生成。波德莱尔发现了现代生活储藏的能量的生产性,西美尔除了发现生产性能量之外,还发现了都市生活中物化的货币文化和分工劳动。尽管如此,他们观察到的现代都市生活的独特品质却是类似的:碎片化、感官刺激、物质性、丰富性、瞬间性和易逝性。而现代性的这些独特性,恰恰是在同非现代和前现代的乡村生活的剧烈对比中浮现出来的。

西美尔提到了乡村生活和小城镇生活同大都市生活的差异。受他的影响,路易·沃斯将现代的城市,即工业社会,同传统的乡村,即民俗社会,做了对比。在沃斯看来,城市化是现代时期最令人难忘的事实之一。都市主义是一种全新的生活方式。由于都市人来源广泛,背景复杂,兴趣殊异,流动频繁,所以,主宰民俗社会的血缘纽带、邻里关系和世袭生活等传统情感不复存在。都市人需要同大量的他人打交道,但是这种接触是功能主义的、表面性的、浅尝辄止的、非个性化的。"都市社会关系的特征是肤浅、淡薄和短暂。"①共同情感的匮乏,急剧的竞争,居无定所,阶层和地位的差异,职业分工引起的个体的单子化,使人和人之间的沟壑加深,在密密麻麻的人群中,个体并没有被温暖所包围,而是倍感孤独。用西美尔的话说,"人们在任何地方都感觉不到在大都市人群里感到的孤立和迷失"。个体没有归属感,他在这个物质化的城市中发现不了自己的根基,在各种复杂的体制中也培植不了自己的个性,他的个性被吞噬了。"生活中的每个人都是自我目的的手段",这就是都市生活方式的特点:"次要接触代替主要接触,血缘纽带式微,家庭的社会意义变小,邻居消失,社会团结的传统基础遭到破坏。"沃斯的现代都市生活被一团黑暗所笼罩。如果说西美尔还强调现代生活的两面——非个性化和个性化——的相互结合,那么,在沃斯这里,城市则

---

① 路易·沃斯:《作为一种生活方式的都市主义》,陶家俊译,载《现代性基本读本》,汪民安、陈永国、张云鹏主编,河南大学出版社 2005 年版,第 706 页。

是令人窒息的:"个人生活的混乱无序、精神崩溃、自杀、行为不良、犯罪、腐败堕落和混乱"①屡见不鲜。在城市这些情况的数量超过农村。沃斯强化了西美尔的现代生活的非个性化特征。西美尔只是对现代生活做出理解,而非做出价值的裁决,他只是敏锐地记录了他关于现代生活的纷乱印象。但是,现代都市生活对于沃斯来说,是摧毁人性和个性的恐怖机器,喧嚣的现代都市将人置于闭塞的状态中。而田园诗般的乡村生活,则在沃斯的字里行间得到了隐秘的眷恋。与沃斯相呼应,伯杰等人在《现代性及其不满》中也写道,剧烈变化的都市让人无所适从,现代生活让现代人在"极具差异、经常充满矛盾的不同社会语境之间游走不定、居无定所"②。没有确定感的现代都市世界让人一次次地脱离了固有语

---

① 路易·沃斯:《作为一种生活方式的都市主义》,陶家俊译,载《现代性基本读本》,汪民安、陈永国、张云鹏主编,河南大学出版社 2005 年版,第 710 页。
② 伯杰等:《现代性及其不满》,陶家俊译,载《现代性基本读本》,汪民安、陈永国、张云鹏主编,河南大学出版社 2005 年版,第 729 页。

境，现代人在动荡中被反复地抛向了无家可归的状况。一切都在天翻地覆，人们在剧烈地晃荡着，仿佛置身于一艘劈风破浪的船上，不知道自己什么时候能到达风平浪静的港湾。现代个体的经验必须直面瞬息万变的都市生活。这种生活内在的"焦虑和骚动，心理的眩晕和昏乱，各种经验可能性的扩展及道德界限与个人约束的破坏，自我放大和自我昏乱，大街上及灵魂中的幻象"等，锻造了"现代的感受能力"[1]，而卢梭几乎在所有人之前，就体验到了这种像"旋风一样的动乱的社会"。

在西美尔那里，都市各类意外的旋风般的打击容易令人产生退却性和保护性的冷漠器官。本雅明承认这些形形色色的意外打击的存在——用波德莱尔的说法，这种打击就如同"电流"——但他还是借助弗洛伊德发现了都市人面对这种打击时的"震惊"。在本雅明这里，西美

---

[1] 马歇尔·伯曼：《一切坚固的东西都烟消云散了》，徐大建、张辑译，商务印书馆2003年版，第19页。

尔的冷漠只是表现在波德莱尔式的浪荡子身上,这些浪荡子在街道上的人群中却是故意保持冷漠。但是,现代的都市人在街道上必须匆匆忙忙地调动自己的感官:"在这种来往的车辆行人中穿行把个体卷入了一系列惊恐与碰撞中。在危险的穿越中,神经紧张的刺激急速地接二连三地通过体内,就像电池里的能量。"①但是,对于本雅明来说,现代都市引发的巨大震惊是街道上的人群——无论是 19 世纪的巴黎、伦敦,还是柏林。本雅明发现,都市街道上的无名大众织成的庞大人群令爱伦·坡、雨果、恩格斯等感到害怕、厌恶和恐怖。对波德莱尔来讲,无家可归的人可以将街道和人群作为自己的四壁,他们在人群中需要回身的余地,"让大多数人忙于他们的日常事务吧;闲暇者如果无处可去了的话,加入游手好闲者的晃荡中。他在这种完完全全的闲暇中与在那种狂热的城市喧嚣中一样被

---

① 波德莱尔:《波德莱尔美学论文选》,郭宏安译,人民文学出版社 1987 年版,第 482 页。

抛了出去，无处可去"。这样的闲暇者在爱伦·坡的伦敦被称为"人群中的人"，波德莱尔则称之为"浪荡子"。爱伦·坡将人群看作可怕的威胁，"人群中的人"同人群是简单而直接的关系；但是，波德莱尔的游手好闲者对人群怀着矛盾的心理：他不能跟他们融为一体，但又必须跟他们保持必要的共谋关系，结果就是，"他如此之深地卷入他们中间，却只为了在轻蔑的一瞥里把他们湮没在忘却中"[①]。街道上的人群既是这些人的奇异景观，也是这些人的必要背景。人群是城市巨大的魅力来源，也是巴黎这个现代都城的面纱。本雅明的现代性光芒笼罩在都市的人群上。本雅明强调，这个大众组成的人群并没有一个特定的阶级身份，"他们仅仅是街道上的人，无定型的过往的人群"。这些过往的人群，是一个前所未有的景观，其庞大的体积和散发出来的巨大能量，使之成为现代性令

---

① 本雅明：《发达资本主义时代的抒情诗人》，张旭东、魏文生译，三联书店1989年版，第143页。

人震惊的旋涡。对本雅明来说,城市街道上的大众是现代性的新奇之物,而在19世纪,"新奇成了辩证法的意象准则"①。对这样的大众,现代性经验就是震惊。在这种现代的震惊经验中,气息的光晕在四散。同在人群中被推搡着的波德莱尔一样,本雅明也体会到了人群的辉光——也可以说是现代性的辉光——不过是一片失意的灰暗。

人群远不是现代都城的全部,承受人群的是巴黎的拱廊街和林荫道。这是现代巴黎,豪斯曼将古典巴黎拆毁了,他建造了一个19世纪的现代都城。本雅明的"拱廊计划",实际上是要绘制这个19世纪都城的唯物主义地形图,并力图将巴黎的现代生活用布莱希特的方式赤裸裸地"展示"出来。巴黎这个现代迷宫需要导游,它是闲逛者的视觉,收藏家的触觉,妓女的诡秘步伐和拾垃圾者的狡黠目光。他们既在巴黎这

---

① 本雅明:《发达资本主义时代的抒情诗人》,张旭东、魏文生译,三联书店1989年版,第191页。

个现代迷宫中来回穿越,也对巴黎的现代景观有意无意地偶尔一瞥。拱廊街、建筑、新式材料和机器,技术、艺术、摄影和西洋景,商品和世界博览会,灯光、居室和日常生活,战斗、街垒和革命,妓女、赌徒和闲逛者,艺术家、工人和大众等,19世纪的巴黎断片——这些现代要素——织成了令人眼花缭乱的辩证意象,这些意象类似于蒙太奇式的星丛,它们并不被纳入一个整体中而彼此关联,它们的内核是历史学家所不屑的"历史垃圾"或者说"历史废物"。[1] 这些意象固执地自我储藏着,同本雅明那些断裂的句子和文法一样,被拼贴成瓦砾般的现代性碎片。这些碎片是单子式的,没有窗口,打断了历史的连续性,却是"总体事件的结晶",每个碎片中都埋藏着整个世界的秘密,它们的呈现能力如此之强,"宛如一片叶子展开所有植物的丰富经验

---

[1] 郭军:《关于〈拱廊计划〉》,载《生产》第一辑,广西师范大学出版社2004年版,第302页。

世界一样"①。现代性就托付在这些新奇的碎片之中。不过,从超现实主义的角度来说,这些现代性的新奇之物,不过是"资产阶级梦幻世界的余烬"②,它们并未形成资产阶级的丰碑,而是形成了一连串的历史废墟。本雅明的目标就是要像史学家那样唤醒19世纪的梦境,把那些废墟上的碎片缝合起来。无论是马克思主义还是犹太神学,都无法忍受分裂状态。救赎,正是要用总体性来修复分裂的现代性。现代性标榜的进步,不过是向地狱的演进,它的内容无非是将"新的废墟堆到旧的废墟上",它势不可当地拔地而起的只是"断壁残垣"。③ 在本雅明那里,要对现代性灾难进行对弈式的救赎,只能凭借历史唯物主义和犹太神学混合而成的哲学机器。

现代生活被瞬间性所主宰,分裂成偶然的碎

---

① 弗里斯比:《现代性的碎片》,卢晖临等译,商务印书馆2003年版,第296页。
② 本雅明:《发达资本主义时代的抒情诗人》,张旭东、魏文生译,三联书店1989年版,第195页。
③ 陈永国、马海良编:《本雅明文选》,中国社会科学出版社1999年版,第408页。

片，构成一个缤纷的永不枯竭的印象之流。"从一个地区到另一个地区，呈现在我们面前的城市恰似一幅浮华世态的镶嵌画。"①关于现代生活，马克思在波德莱尔之前就从宏观的高度断言："生产的不断变革，一切社会状况不停的动荡，永远的不安定和变动，这就是资产阶级时代不同于过去一切时代的地方。一切固定的僵化的关系以及与之相适应的素被尊崇的观念和见解都被消除了，一切新形成的关系等不到固定下来就陈旧了。一切等级的和固定的东西都烟消云散了，一切神圣的东西都被亵渎了。人们终于不得不用冷静的眼光来看他们的生活地位、他们的相互关系。"②在19世纪中期，马克思的抽象概括同波德莱尔的细节描绘相得益彰，现代生活在两人那里都呈现出前所未有的变动不居的断裂

---

① 路易·沃斯：《作为一种生活方式的都市主义》，陶家俊译，载《现代性基本读本》，汪民安、陈永国、张云鹏主编，河南大学出版社2005年版，第708页。

② 马克思、恩格斯：《共产党宣言》，见《马克思恩格斯选集》第一卷，人民出版社1972年版，第254页。

性。伯曼继承了这两个人的说法,他将现代生活看作一个"不断崩溃与更新、斗争与冲突、模棱两可与痛苦的大旋涡"①。

因此,现代生活的断裂性,从历史的角度就被理解为现代都市生活同传统的乡村民俗生活的断裂;从生活品质的角度就被理解为现代生活固有的碎片化同前现代生活的总体化的断裂——不论这种总体化是宗教的还是世俗的。换句话说,正是现代生活碎片化的断裂特征,使得它同传统的整体性的有机生活发生了断裂。这两种生活的差异,正是腾尼斯所说的共同体和社会的差异。乡村生活,属于腾尼斯意义上的共同体(Gemeinschaft),而城市,则是一个社会(Ge-sellschaft)意义上的组织。按照腾尼斯的理解,乡村这样的共同体是一个自然意志(natural will)主导的礼俗社会,而都市则是一

---

① 马歇尔·伯曼:《一切坚固的东西都烟消云散了》,徐大建、张辑译,商务印书馆 2003 年版,第 15 页。

个理性意志(rational will)主导的法理社会。①乡村这样的共同体的标志,是将先辈的各种和遗产作为共同的根基继承下来。它是"牢牢地立足于地方的、面对面性质的团体"②。一般来说,乡村社会是封闭的,内敛的,并抱有一种持久的耐心。乡村生活被安静地束缚在一片固定的土地上,人们根据这片土地确定自己的认同,确定自己的语言、风俗和起源。没有人、没有权力机构、没有内心要求也没有外在动力促使他们流动,促使不同土地上的人彼此之间进行交流,促使他们发生戏剧性的变化和运动。乡村缓慢、寂静的整体性生活,同城市生活碎片一样的瞬息万变恰成对照。在乡村,绝对不会出现"人群中的人",人面对的是邻人和家族权威。正是现代性的都市动荡,使得乡村那些固定的东

---

① 腾尼斯:《礼俗社会与法理社会》,严蓓雯译,载《现代性基本读本》,汪民安、陈永国、张云鹏主编,河南大学出版社2005年版,第57—69页。

② 布莱恩·威尔逊:《世俗化及其不满》,黄晓武译,载《现代性基本读本》,汪民安、陈永国、张云鹏主编,河南大学出版社2005年版,第742页。

西——固定的价值观,固定的生活方式,固定的时空安排,固定的心理和经验,固定的社会关系——都烟消云散了。

这也是詹姆逊所讲的现代性断裂。马克思的"烟消云散",在詹姆逊这里,不过是前现代性所囊括的一切在现代性这里烟消云散了——尽管烟消云散的方式曲折而复杂。但为了叙事的方便,只有在断裂的意义上,现代性才能获得其独特的意义,这是双重意义上的断裂:现代性既和前现代性发生断裂,也和后现代性发生断裂。如果说,前现代性主要植根于乡村生活和宗教生活中的话,那么,现代性,将其全部的实践力量部署在世俗化的都市中——现代生活,既是世俗化的,也是都市化的。如果说,乡村生活主要被家族权威和宗教品质所铭刻的话,我们也可以说,都市生活主要是世俗性的物质主义生活,是充满激情、旨在放纵的声色犬马的生活。我们看到,波德莱尔、西美尔、本雅明全都将目光聚焦在19世纪的都城。正是在这一时期,现代都市充满活力地展现了其现代性面貌：瞬息万变的商品、纵横交错的街道、密密麻麻的陌生人。这些纷乱、喧嚣、滚动的都市意象，不断地将人撕成碎片，正如乡村生活总将人纳入整体中一样。

都市，既是现代性的载体，也是其表征、内容和果实。我们可以在相同的意义上说明都市、资本主义和工业主义的关系。工业化促发了都市的成形。它将松散的人口重新配置，使乡村人口在城市驻扎下来，并使各种各样的人在这里来来往往。只有这样，规模性的生产、分配、交换、消费和信贷才有可能；机器——无论是具体的生产机器还是整个城市机器——才会出现齿轮一样精密的分工。数量庞大的人口、中心性地域、交通、建筑、商业大街应运而生。工业化催生了都市，都市反过来强化和再生产了工业主义。从 16 世纪开始，传统意义上的集镇的人口剧增，18 世纪末，伦敦和巴黎这样的城市已经接近于现代大都市。"在典型的农业社会,90%以上的人口从事农业,而在工业社会,90%以上的人口居住在城市则是常见的。"尽管在前工业时代也有城市,但其在数量和强度上同工业时代的城市不可同日而语。"前工业时代的城市是农业海洋里的岛屿。它们跨越非城市生活的异域而相互呼唤,而这些异域却不为它们的实践所动。"①前工业时代的城市并不是中心性地主宰着乡村,相反,它们被广阔无际的乡村生活所包围,并寄生在乡村的农业劳动之上。城市的消失,对于农村来说,无关紧要。但是,工业主义催生的现代大都市,却颠倒了农业乡村的主宰地位,它们使乡村成为社会的边缘并且依附于都市。都市不仅成为权力和经济的中心,而且在一步步地引导和吞噬乡村的生活方式。乡村反过来成为现代都市的一个象征性的乡愁之所。现代性在蚕食着前现代性。现代都市生活

---

① 克瑞珊·库玛:《现代化和工业化》,陈永国译,载《现代性基本读本》,汪民安、陈永国、张云鹏主编,河南大学出版社2005年版,第499—500页。

只有在同乡村农业生活的对照中才能显示出其独特性来。 正是在都市化的过程中，现代生活的基本品质才得以奠定。

我们已经看到了 19 世纪的浮光掠影，这是现代生活的印象主义品格。 但是，围绕着工业主义的都市，还有一套现代制度在无形地肆虐，同碎片般的现代性现象刚好对应，现代制度——无论是政治制度还是经济制度——逻辑严密，有条不紊，它虽然无处不在，但从不在街道上，从不在大庭广众之下出现。 因此，它的隐秘谱系有待追踪。 这就是 19 世纪中期以后的马克思、韦伯、涂尔干和福柯等人的伟大使命。

二

现代资本主义

都市的现代性，体现在19世纪乃至20世纪早期的现代生活中——我们可以将这个时期看作现代性的成熟时刻。但是，它的基石，一般来说，奠定在16、17世纪的欧洲，甚至更早——说成12世纪也不是错误，因为任何谱系学都反对单一论的起源。可以大概地说，现代性和资本主义差不多同时萌芽。但是，到底什么是现代性？现代性的定义五花八门，不过，詹姆逊反对对现代性进行定义，他宁可对现代性进行描述。现代性不是一个概念，不是哲学或任何别的概念，它不过是各种各样的叙事类型。现代性，只能意味着现代性的多种情景。① 如果非概念化的现代性进展了几个世纪，它的内容必定纷繁芜杂，它的禀赋必定多种多样，它的经验必定交错缠绕。因此，可以区分现代性的多个层面：它是一种独特而复杂的历史进程（我们有时将这个现代进程称为现代化），这个进程是非人格化的物质层面上的，它包括政治、经济和技术层面上的逐步现代化，这个进程迂回曲折，但它最后还是汇合成一个相近的目标。在它高度成熟的时段（比如，在工业革命和法国大革命之后的 19 世纪），我们会想到疆域固定的民族-国家，自由民主政制，机器化的工业主义，市场化的资本主义，以及它们之间的功能联系，等等。而且，这种（现代化的）历史进程除了它丰富的所指外，还展现出某些独一无二的气质和禀赋（这是就"现代性"这个词的狭隘意义而言的），诸如创新的时间意识、对未来的乐观、成

---

① 詹姆逊：《现代性、后现代性和全球化》，王逢振、王丽亚等译，中国人民大学出版社 2004 年版，第 74 页。

熟感、进步信念、超人式的力的奔腾、发展主义和唯科学主义等,"这种现代性是转瞬即逝的——今天的先进到了明天就过时了"。它意味着,较之过去的历史阶段,它更为进步,更加成熟。同时,这种物质化的现代性历史同以笛卡尔为发端的某种主体性观念的展开并驾齐驱,这种观念在康德和黑格尔那里达到了巅峰(想想它和社会性的大革命是如何遥相呼应的),直至受到尼采和海德格尔的攻击,它才趋于衰退。最后,这个现代性的物质化进程绝不单单是自己孤独地前行,它毫无疑问将现代人裹挟其中,并驱使着现代人不断地品尝和回味这个历史性的现代性浪潮。这就是现代性激发的体验。现代人和现代化进程之间就存在这样一种互动的复杂的经验关系:现代生活锻造了现代意义上的个体,锻造了他们的感受,锻造了他们的历史背影;同样,这一现代个体对现代生活有一种前所未有的复杂想象和经验。现代主义文化,正是这种感受的各种各样的历史铭写,尤其是受到现代社会猛烈撞击的文人感慨的经验抒情。物质性的现代性进程，被这种进程席卷而去的现代人，这二者之间敏感而丰富的经验关系，以及贯穿在现代时期的对这个进程大力推动或者冷嘲热讽的各种哲学观念，所有这些，是现代性的核心内容。不过，层面上的区分只是叙述的权宜之计，人们往往从整体上将现代性的几个层面关联起来。确实，现代性必须被视作一个历史化的复杂的悖论系统（即便这个系统的内部矛盾重重），在其中，必定是牵一发而动全身。它像一艘巨轮一样，从16世纪开始慢慢驶离了那个完全由上帝宰制的中世纪码头。

显然，现代性的多层次，迫使人们不断地就现代性的概念发生争执，人们不断地质问是哪一种现代性。人们不断地注意到现代性内部的冲突：现代时期同过去时期的冲突；现代文化同现代社会的冲突；现代技术同现代经验的冲突；现代观念同现代历史的冲突；现代欧洲同非现代欧洲地区的冲突。正是这些冲突引发了现代性的危机，于是，一种关于现代性的终结的愿望固执地在现代性的历史中浮现，但是，人们马上就会接着问，到底是让哪一种现代性终结？现代性的标志是冲突，它有待于被叙事，而不是被定义。既然难以从概念上来定义现代性，我们姑且从发生的角度来描述现代性，描述它的发生情景。

现代性的发生，另一种表述就是现代同过去的断裂：制度的断裂、观念的断裂、生活的断裂、技术的断裂和文化的断裂。现代之所以是现代的，正是因为它同过去截然不同，它中断了历史进程并使之往一个新的方向——我们所说的现代的方向——进展。按照姚斯的考证，现代一词在5世纪就出现了，这个词旨在将刚刚确定地位的基督教同异教的罗马社会区别开来。正是在这个意义上，"现代"一词意味着时间的断裂。它在欧洲的反复使用，就是为了表现出一种新的时间意识，就是要同过去拉开距离而面向未来。它"把自己理解为新旧交替的成果"，如果是这样的话,那么在历史上就会有各种各样的现代——在查理大帝时代,在12世纪,在启蒙时期。但是,现在通常说的现代,在断裂的意义上,只是针对中世纪。只是在同中世纪强烈的对照中,只是在政治、经济、文化同中世纪全面决裂的背景下,现代性才萌芽,它自身的独特性才崭露头角。我们很难从肯定的意义上说现代性是什么,但我们可以从否定的意义上说,现代性绝不是中古性。现代同中世纪的分道扬镳,开始(16世纪)是缓慢偏离,但经过历史性的技术和观念的双重积累(比如科学的进展和启蒙运动的深化),到一定的阶段——比如18世纪晚期之后——就变成全面的决裂,现代性的高潮时段出现了。在这个意义上,我们也可以将16—18世纪看作现代性的序曲,或者说看作现代性的第一阶段(人们有时也用近代这个词来指代这个时段)。接下来是现代性的成熟时段,这个时段大约是法国大革命和工业革命不久后的19世纪,也是波德莱尔绘声绘色描绘现代生活的时代,是马克思发表宣言的时代,是恩格斯记载英国工人阶级状况的时代,是本雅明笔下拥挤的巴黎都城时代,是福楼拜《包法利夫人》的时代,也是雨果《悲惨世界》的时代,甚至再往后一点,是尼采说出上帝之死的时代。 在这个时期,欧洲自 16 世纪以来同传统的逐渐断裂,达到了巅峰。 换一种说法,现代性积累——如果说 16 世纪以来的欧洲确实有一条明确的往现代发展的线索的话——在混乱的 19 世纪达到了巅峰。

我们已经看到了,19 世纪的现代生活以一种瞬间化和碎片化的方式展开,同时,它也以世俗化和理性化的方式展开。 如果说,前者是以都市生活来对照乡村生活的话,那么,后者则是以世俗生活来对照宗教生活。 从世俗化的角度来看,现代性,用韦伯的术语,是一个祛魅的过程。

现代的开端,按照雅克·巴尔赞的说法,源

自马丁·路德的新教革命。① 黑格尔也早就表达了类似的意思：宗教改革如同午后的太阳一举驱除了中世纪的漫长黑夜。路德将个人直接同上帝联系起来。人因着信，才被上帝称作义人。而也只有依靠上帝的恩典，人才能获得拯救。因此，个人无论如何努力，无论在日常生活中如何善功，都不能获得拯救。行善并非成为义人的条件，相反，只有信，并"因信称义"之后，才能行善。"爱"不过是"信"的后果。在路德的新教这里，个人无须中介就能同上帝交流，他能够通过祈祷和上帝对话，个人的内心和上帝有直接的精神联系。如果是这样，如果只以福音为基础，那么，作为中介的教会——尤其是一个到处在滋生腐败的教会——还有存在的必要吗？信徒还有必要遵从教会繁文缛节式的制度和规条吗？路德的新教就是要摆脱作为中介的教会和神职人员，让神学体制衰败。在和上

---

① 雅克·巴尔赞：《从黎明到衰落》，林华译，世界知识出版社 2002 年版，第 2 页。

帝进行精神交流的时候,每个人都独立而平等。这使得西方统一的信仰结束了,独一无二的真理也结束了,尤其是,神学中的等级机制也结束了。新教改革将个人和上帝联系起来,其后果与其说是突出了上帝,不如说是让个人主义的背影从地平线上缓缓地浮现。新教改革奏响了个人主义的序曲,并和人文主义遥相呼应。同样,如果教廷的权力衰微,相应地,君主的权力就会增加,这又激发和配合了日后民族-国家的兴起;教会及其体制的衰败,使整个社会烦琐的宗教生活色彩淡化,世俗化潮流——它顺应于对教规束缚的解放——将不可遏制。个人主义、世俗化潮流以及民族-国家在新教改革的催化下萌芽,新教改革使历史同中世纪发生了一次重大断裂,历史从古代往现代的方向被牵引。用黑格尔的说法,历史在长时期的暴风雨之后,终于迎来了黎明的曙光——巴尔赞(或许是借用了黑格尔的说法)也将这一事件称为现代社会的黎明。

新教改革不过是中古通往现代的桥梁。大家对此心照不宣。但是，韦伯却在此发现了西方现代理性主义独特性的根源——这种理性只出现在西方。而且，理性主义最典型地驻扎在经济生活中，而这种经济理性行为——人们通常称之为资本主义经济行为——不是如马克思所说的那样取决于物质技术的发展，而是取决于"人的能力和气质"，更准确地说，取决于宗教的力量。韦伯多少颠倒了马克思的观点，宗教改革不是从经济变革中推导出来的，相反，宗教在某种程度上影响了资本主义文化和经济。也就是说，不是经济和物质在决定观念和文化，而是观念和文化影响着经济和物质。在韦伯这里，这种宗教力量就是新教，当然，这个新教还不是路德教派，而是受路德教派影响的其他的禁欲主义新教，尤其是加尔文教（当然，如果没有路德教，就没有后来的一切）。韦伯讨论了发端于加尔文教的英国清教徒的职业观。他的基本观点是，"以职业概念为基础的理性行为这一要素，正是从基督教禁欲主义中产生出来的"①。寻欢作乐、纵情声色、虚掷光阴、好逸恶劳，这些人生的感官享乐，构成了清教禁欲主义的最大敌人。那么，如何抵制和扫除世俗快乐？唯有凭借日常生活中的艰苦劳动，劳动被视作抵制诱惑和享乐的唯一手段。而且，特别要强调的是，新教禁欲主义还"更进一步地把劳动本身作为人生的目的，这是上帝的圣训"②。上帝给每个人安排了一个劳动职业，人必须依据上帝的律令，在这个职业中，殚精竭虑，辛勤劳作，有条不紊，持之以恒，明达事理。劳动不仅能抵制欲望，根本上而言，它还是天职。不倦地劳动，这是获得上帝恩宠的唯一手段，是对上帝应尽的责任。这也增加了上帝的荣耀，冷却了肉体的贪欲，同时还表达了清教徒的重生和真诚的信念。作为天职的劳动，一旦被勤恳的教徒心

---

① 马克斯·韦伯：《新教伦理与资本主义精神》，于晓、陈维纲等译，三联书店1987年版，第141页。
② 同上书，第124页。

甘情愿地实践着,那么,它必定积累财富。但如果其目的不是耽于声色,如果教徒不是将财富本身作为目的,如果教徒不抱贪婪之心,而仅仅是对天职的忠实履行,那么,这种财富就是正当而必需的。这种财富,也是上帝对他的祝福信号。因此,财富只能是为了上帝的荣耀被看管着,或者是理性主义地用于个人或公众的需要,而不能因为贪婪的肉体冲动而被非理性地挥霍殆尽。也就是说,财富可以被合理地获取和累积,但是,它不能被享乐主义地奢侈消费。

这样,在禁欲主义这里,获利积累是允许的,只要它目的正当;但消费却被严格限制,尤其是想纵情狂欢之时。大量地获利而又十分地节俭,结果就是资本积累,财富增加,如此循环,最后是"资本的过度积累"[1]。"但是,随着财富的增长,傲慢、愤怒和对现世的一切热爱也会随之而增强……他们的傲慢、愤怒、肉体的欲

---

[1] 马克斯·韦伯:《新教伦理与资本主义精神》,于晓、陈维纲等译,三联书店 1987 年版,第 135 页。

望、眼睛的欲望和对生活的渴望也成比例地增强。因此,尽管保留了宗教的形式,但它的精神正在如飞地逝去。"纯粹的宗教热情冷却之后,经济人取代了朝圣者,"这时,寻求上帝的天国的狂热开始逐渐转变为冷静的经济德性;宗教的根慢慢枯死,让位于世俗的功利主义"。① 这样,"西方内在的苦行主义所特有的后果是社会关系的合理的具体化和社会化"②。资产阶级的经济伦理得以形成:新教中赚钱和获利的正当性在世俗生活中被资产阶级商人所挪用,商人们心安理得地听命于金钱利益的支配,并以此为责任。清教徒当作天职的勤勉劳动则演变为现代工人对职业的安分守己。新教伦理在世俗化过程中,既创造了资本主义的条件,即无休无止的进取的商人和任劳任怨的勤勉的工人,也促成了资本主义精神,即韦伯阐释的富兰克林式的资

---

① 马克斯·韦伯:《新教伦理与资本主义精神》,于晓、陈维纲等译,三联书店1987年版,第138页。
② 哈贝马斯:《交往行为理论》第一卷,曹卫东译,三联书店2004年版,第168页。

本主义精神。这种精神的首要原则是，人被赚钱的动机所左右，获利是他的最终目的，但获利并非享受生活的手段。也就是说，拼命地赚钱但又异常地审慎节俭。我们看到，如果挖除新教禁欲主义的宗教根基，它差不多就是资本主义精神了。

那么，从新教禁欲主义而来的这种资本主义精神，在什么意义上可以说是理性的？也就是说，在什么意义上可以说它具有西方的独特性？如何理解韦伯的理性概念？韦伯在对加尔文教的讨论中谈及了理性概念。加尔文教的一个决定性意义在于："上帝不是为了人类而存在的，相反，人类的存在完全是为了上帝。"[1]所有造物的生存意义，都是服务于上帝的荣耀。上帝是一个超验的存在，人类根本无法理解他，他的圣谕规定了每个人的命运。个体能否获救，能否获得恩宠，完全取决于超验上帝，而不是个人

---

[1] 马克斯·韦伯：《新教伦理与资本主义精神》，于晓、陈维纲等译，三联书店1987年版，第78页。

自身的盲目努力。一种内心深处的孤独感侵袭着每个个体。没有谁、没有任何中介能够助他一臂之力。教士、教会和圣事不仅无能为力，而且作为魔法式的迷信手段被坚决摒弃——这就是宗教历史中的除魔化过程。这也是使世界理性化的过程。

如果说，人的存在就是服从上帝的训诫，而上帝要求他的圣徒保持终生善行，那么，偶然的机遇、恕罪的诺言、忏悔的仪式，所有这些非恒常的机巧行为，都无济于事。清教徒被"增添上帝荣耀"这一永恒思想所指引，而不会感情用事，那么，他必须有计划有系统地准备自己的一生，从而获得拯救。也就是说，圣徒一生的作为，务必系统规划，目标清晰，坚定不移。他能够控制自我，摆脱冲动，抵抗爱欲等本能的骚扰。"这种禁欲主义的目的是使人可能过一种机敏、明智的生活：最迫切的任务是摧毁自发的冲动性享乐，最重要的方式是使教徒的行为有秩序。"[①] 就这个意义而言，圣徒的世俗禁欲生活，这种"修行"，是经由充分规划的，并且在一个严格的目的论的框架下进行，从这个角度而言，这种生活是合乎理性的。持之以恒的理性行为和生活，对自己有条不紊的控制，这是对清教徒人格的锻造。同中世纪禁欲主义不一样的是，加尔文教不是在宗教生活中，而是在世俗事务中寻求禁欲理想。在这里，道德生活被"系统地合乎理性地安排"，其基本特点是"经常性的自我控制和对自己的生活进行精心规范"。[②]

在此，我们发现，韦伯在加尔文教中发现的理性化过程，实际上有两种含义：一种是世界的非迷信化的除魔行为；另一种是目的论的理性主导的禁欲行为。前一种理性与神秘和魔力相对，它与去神秘化的世俗化相关；后一种理性与

[①] 马克斯·韦伯：《新教伦理与资本主义精神》，于晓、陈维纲等译，三联书店 1987 年版，第 91 页。
[②] 同上书，第 97 页。

冲动和激情相对,它与盘算式的目的论相关。这两种行为相互纠缠地内在于加尔文教中。韦伯正是在这两个意义上赋予了新教以理性色彩。由于新教在很大程度上锻造了资本主义精神,后者将不可避免地染上理性色彩。不过,新教的理性除魔是对天主教的除魔,而资本主义的理性除魔甚至是对新教的除魔。现代资本主义是(将新教)除魔了的禁欲主义。但是,新教的另一种理性——我们从韦伯的描述来看——的内容包括:禁欲主义的理性,反感官的理性,盘算式规划的理性,自我克制的理性。它们通过某种过渡方式,被资本主义照单全收:"在任何情况下清教的世界观都有利于一种理性的资产阶级经济生活的发展。它在这种生活的发展中是最重要的,而且首先是唯一始终一致的影响。它哺育了近代经济人。"[①]这种禁欲主义理性"从修道院的斗室被带入日常生活,并开始统治世俗

---

① 马克斯·韦伯:《新教伦理与资本主义精神》,于晓、陈维纲等译,三联书店 1987 年版,第 136 页。

道德时",现代的经济秩序就日渐形成。新教的这种盘算规划的理性,按照韦伯的定义,毫无疑问是目的理性:"谁的行为如果依据的是目的、手段及后果,而且在手段与目的、目的与后果、最终可能出现的各种不同目的之间合理思量,那么,他的行为就是目的理性行为,也就是说,他的行为既不是情感行为,也不是传统行为。"①显然,清教徒的人格正是以这种考量式的目的理性为标志。韦伯想论证的是:清教徒人格意义上的目的理性如何转换成资本主义制度意义上的目的理性?如果说,人格合理性是宗教合理性的内容和产物,那么,这个问题也就是,以宗教为出发点的文化的合理化如何向社会的合理化转换?

韦伯反复地强调,资本主义的理性独特性,归根结底,是资本主义劳动组织方式的合理性。我们已经考察了,这种经济组织理性来自新教中

---

① 哈贝马斯:《交往行为理论》第一卷,曹卫东译,上海人民出版社2004年版,第163页。

的盘算式的理性。理性从文化区域转换到社会区域,但其基本特点并没有变化,它还是属于目的理性:"通过精益求精地设计合适的手段,有计划、有步骤地达到某种特定的实际目的。"其标志性含义就是"计划性"。[①] 清教徒和商人在这点上别无二致。这样的目的理性,也就是韦伯所说的形式理性,它浸透在西方资本主义特有的自由劳动的组织方式中。韦伯从新教伦理中推导出来的资本主义组织方式的理性化,是现代性的一个关键发轫点,也是西方的独特性所在。至此,理性的禁欲主义新教在现代性历史中的位置凸显出来:它处于中世纪和现代的承上启下地带,使得历史毅然地向世俗的方向转折,因为它的理性,之前的天主教被当作巫术而被它除魔,同样还是这种理性,之后毅然地播下了现代性——现代法制国家和现代经济生产组织——的种子。

---

① 马克斯·韦伯:《儒教与道教》,王容芬译,商务印书馆1995年版,第32页。

但是，由新教理性哺育而成的现代企业和现代国家到底是什么形态？在《经济与社会》中，韦伯着重讨论了资本主义经济制度和现代国家体制。这些现代制度都烙上了理性的印记。制度的理性化过程，也就是社会的现代化过程。这个过程，"是资本主义经济和现代国家的分化。资本主义经济和现代国家在功能上相互补充，相互稳定。资本主义经济的组织核心是资本主义企业"①。如果说，"资本主义的经济行为是依赖于利用交换机会来谋取利润的行为"，那么，这样的资本主义比比皆是。韦伯强调的是，出现在西方的现代资本主义的组织方式独一无二，这是个"具有固定资本的理性的资本主义企业"②。哈贝马斯归纳了韦伯对现代资本主义企业的理解："同家政的脱离；资本核算（合理的簿记）；以货物、资本以及劳动市场的机遇

---

① 哈贝马斯：《交往行为理论》第一卷，曹卫东译，上海人民出版社 2004 年版，第 154 页。
② 马克斯·韦伯：《经济与社会》，林荣远译，商务印书馆 1997 年版，第 193 页。

为趋向的投资决策;有效地投入具有形式自由的劳动力;把科学知识应用到技术当中。同样,现代国家制度也是在同传统国家制度的对照中显示出其理性特征:行政和司法受立法制约;权威对一切人具有约束力;集中而稳固的税收系统;统一指挥的军事力量;立法和正当使用暴力的垄断化;以专业官僚统治为核心的管理组织。"[①]"这一整套规定构成'法律秩序',而政治社会则被视为它唯一正式的创造者。"[②]显然,现代国家的统治形式同传统型统治和奇里斯玛型统治相对。这个现代国家,就是"理性的国家"。这也是西方独有的国家形式[③],只有在理性的国家中,才可能发展出现代资本主义,而"理性的国家是建立在专业官员制度和理性的法律之上的"。在这里,无论是资本主义企业,还是国家

[①] 哈贝马斯:《交往行为理论》第一卷,曹卫东译,上海人民出版社 2004 年版,第 154 页。
[②] 本迪克斯:《马克斯·韦伯:思想肖像》,刘北成等译,上海人民出版社 2002 年版,第 453 页。
[③] 马克斯·韦伯:《经济与社会》,林荣远译,商务印书馆 1997 年版,第 719 页。

机关,其组织手段都是建立在条文基础上的形式法。①

韦伯就这样勾勒了现代社会的制度格栅。这个以理性为根基的制度和法律当然是效率至上的,它无非是让生产机器没日没夜地猛烈轰鸣,结果,所有人都不可自制地跟着机器的节奏起舞,并被物质产品所牢牢捆缚。机器生产和物质产品终将成为不可抗拒的超验力量,它们和支撑它们的制度一道,变成了韦伯那令人黯然神伤的"铁笼"。这个铁笼是机器般非人格化的,它从形式理性那里借来的抽象力量将人禁锢其中,因此,它的最高阶段——韦伯将这个阶段讽刺性地称为最高文明的幻觉——就表现为"专家没有灵魂,纵欲者没有心肝"②。铁笼冷静超然,逻辑严密,等级森严,庞大无比,它最终要无情地

---

① 哈贝马斯:《交往行为理论》第一卷,曹卫东译,上海人民出版社 2004 年版,第 154 页。
② 马克斯·韦伯:《新教伦理与资本主义精神》,于晓、陈维纲等译,三联书店 1987 年版,第 143 页。

吞噬一切:"国家生活的整个生存,它的政治、技术和经济的状况绝对地、完全地依赖于一个经过特殊训练的组织系统。"理性,这是铁笼的内在脉络。

如果我们说,铁笼是现代性的标志,那么,这也是一个悖论性的标志——这是韦伯著名的形式理性和实质理性的冲突悖论。效率和功能至上的现代制度,不得不尊奉形式理性原则,理性作为一种增效的形式手段被应用,不过,这个手段反过来成为目的,霸道地成为宰制人的工具,人们被手段降服。因此,这个理性——形式理性,我们也可以称其为工具理性——恰好走到了其反面:非理性。韦伯的现代性悖论,被德国人反复地深化,法兰克福学派创造性地将韦伯的铁笼和马克思的异化组织在一起,试图对资本主义做出拒绝的姿态,这样,一个声名显赫的启蒙辩证法传统被培育出来,它出乎意料地在 20 世纪中期走上了街头,并一度使成熟的资本主义风雨飘摇。尽管哈贝马斯的交往理性理论试图为这个漫长的社会学悖论画上句号,但人们还是相信这是一个永恒的困境。今天,是阿道尔诺而不是哈贝马斯更让人信服——后面我们会继续提到这点。在此,我们要一再强调的是,韦伯将现代社会和理性联系起来,现代性进程,在韦伯这里就是一个社会合理化进程。自17世纪开始,社会的运转方式逐渐被理性的风潮所席卷,理性以一种巨大的耐心驻扎在社会的生产和管理领域,正是在这个意义上,我们可以说,社会也由此开始步入现代,它的标志性特征,正是根据理性组织起来的现代资本主义企业和现代国家。尽管二者之间存在漫长的过渡期,这个现代理性国家还是对应于中世纪的统一的精神帝国;理性化的世俗权力也对应于中世纪超验的神圣权力;理性化的企业组织,对应于封闭性的自给自足的权威血缘家庭。在韦伯这里,理性是圣性的反面,它是祛魅之道具,它将社会的神秘化光圈驱散,使之露出此岸的世俗光芒。由此,理性成为现代性的关键词,在某种意义上,理性化过程就是现代性的过程，尽管这个理性意义纷呈，而且不是笛卡尔那种严格意义上的哲学概念。

对于现代资本主义的诞生时期，马克思同韦伯的看法基本一致。而且，马克思同样将资本主义的诞生看作现代社会的开端。以商品为核心——以商品的生产、分配和消费为核心——的资本主义社会同中世纪发生了决裂。不过，马克思并没有将理性作为现代社会开端的动能，马克思不会像韦伯那样将观念的力量置于基础性的位置。韦伯的理论带有普遍性的色彩，他相信："各种神秘的和宗教的力量，以及以它们为基础的关于责任的伦理观念，在以往一直都对行为发生着至关重要的和决定性的影响。"[①]正是基于这一信念，才有韦伯的"世界宗教"计划。但马克思的普遍性则更为绝对："人们在自己生活的社会生产中发生一定的、必然的、不以他们的意志为转移的关系，即同他们的物质生产力的

---

① 马克斯·韦伯：《新教伦理与资本主义精神》，于晓、陈维纲等译，三联书店 1987 年版，第 15—16 页。

一定发展阶段相适合的生产关系。……物质生活的生产方式制约着整个社会生活、政治生活和精神生活的过程。不是人们的意识决定人们的存在,相反,是人们的社会存在决定人们的意识。社会的物质生产力发展到一定阶段,便同它们一直在其中活动的现存生产关系或财产关系发生矛盾。于是这些关系便由生产力的发展形式变成生产力的桎梏。"马克思断言,只有在这样的情况下,社会革命的时代才会到来。[①] 马克思在这里实际上表达了两重意思:生产力和生产关系势必要处于一种矛盾状态,但是这种矛盾状态不会自行消失,只有人为的革命之手才能将其解决。正是在这个意义上,马克思强烈地断言:"到目前为止的一切社会的历史都是阶级斗争的历史。"[②]物质生产的矛盾引发了动荡的阶级斗争,从而导致社会的更迭。因此,马克思

[①] 马克思、恩格斯:《马克思恩格斯选集》第二卷,人民出版社 1972 年版,第 82—83 页。
[②] 马克思、恩格斯:《马克思恩格斯选集》第一卷,人民出版社 1972 年版,第 250 页。

迷恋革命。现代社会的形成,只能仰赖于资产阶级革命。这刚好将韦伯的观点颠倒过来(或者,更恰当的说法是韦伯后来将马克思的观点颠倒过来)。如果如同马克思所说,是这种观点指导着他的工作的话,那么,现代(资本主义)社会的起源,就只能从生产方式的角度出发来探讨,也就是说,现代资本主义社会的起源,绝对不是绑缚在文化观念和宗教精神的支柱上的。

对马克思来说,最迫切的任务是回答资本主义为什么要结束,这一问题的解答步骤当然是首先回答资本主义为什么会兴起。马克思强调了现代资本主义产生的历史根源。这种根源固执地贯穿在资本主义体制中,并最终必定使这种体制轰然倒塌。根源就蕴藏在商品的秘密之中。在资本主义以前的经济生活中,商品生产并不占据主流地位。中世纪本质上是个农业社会,那时到处都是庄园。作为经济组织和社会组织的庄园,具有宗法性质。在此,握有无上权力的领主决定着一切。由于缺乏市场,这些领主并不追逐利润,也无须剩余产品,一切够用就行了。① 经济活动封闭在一个自主的循环圈内。这个经济活动圈排斥了交换,并让产品的使用价值决定着一切。与此截然不同的是,资本主义社会主要是围绕商品的生产、交换和消费来组织的,商品在一个非封闭性的辽阔市场中忙碌地穿行,在这个市场化的商品生产过程中,利润是最大和最根本的目标。因此,商品颠倒了交换价值和使用价值的地位,商品作为一个媒介符号,它为交换而存在,利润正是在交换和流通过程中快速地产生。在此,交换价值支配了使用价值——商品再也不被使用价值绝对地决定,相反,它首先要在市场中穿梭、流通、交换,人们正是以此逐利。交换价值一旦获得了决定性地位,商品就必须被抽象化,不同的商品只有被抽象化,才能互换。在资本主义社会里,所有的

---

① 亨利·皮朗:《中世纪欧洲经济社会史》,乐文译,上海人民出版社 2001 年版,第 61 页。

东西都被标上了市场价值,所有的东西都被抽象化和量化了。商品拜物教支配着这个社会组织,也就是说,在这里,人和人的关系在商品生产和交换中被史无前例地抽象化为物和物的关系。而在中世纪的生产过程中,由于劳动的自足性或者封闭性,商品既不被交换,也不被抽象化,人和人的关系并没有披上物的外衣,相反,它"始终表现为他们本身之间的个人的关系"①。

资本主义的特征正在于,一切都可以被商品化,连劳动力也不例外。劳动力转化为商品这一秘密,正是资本主义生产的历史前提。马克思相信,资本主义生产有两个前提条件,当商品生产发展到一定阶段(仅有商品生产和流通还远不是资本主义),就会出现两个相对立的买者和卖者:"一方是价值或货币的所有者,另一方是创造价值的实体的所有者;一方是生

---

① 马克思:《资本论》第一卷,人民出版社 1999 年版,第 94 页。

产资料和生活资料的所有者,另一方是除了劳动力以外什么也没有的所有者。"①从先前的被强制奴役状态中解放出来的劳动者,虽然获得了自由,但也一无所有,他只能将自我转化为商品,出卖给货币的所有者。也就是说,作为商品的劳动力被资本家所消费和使用。这一消费过程,就是雇佣劳动的生产过程。在这个过程中,劳动被物化到资本家的产品中,被雇佣的商品化的劳动力同他的产品相分离,产品不是被劳动者而是被雇佣者(资产者)占领,并且在随后的经济活动中被消费,被增殖,被转化为资本。资本家和劳动者的这种雇佣关系,被资本主义巧妙地反复再生产,并被永恒化了。在这一生产过程中,出现了不公不义的剥削。劳动力的商品化过程,被马克思看作"资本主义生产过程事实上的基础或起点"。

这个起点,使得资本主义生产终于摆脱了它

---

① 马克思:《资本论》第一卷,人民出版社 1999 年版,第 626 页。

的前史。但是,这是一个"滴着血和肮脏的东西"①的前史。劳动力是如何被商品化的?这个过程,在马克思看来,实际上是一个被迫的暴力过程。现代自由劳动者,不是从农奴转化而来,而是从那些分散的拥有生产资料的小生产者转化而来。那些直接的有私有权的小生产者,他们的土地、生活资料和劳动工具被剥夺了,"即以自己劳动为基础的私有制"解体了。这个剥夺,"是用最残酷无情的野蛮手段,在最下流、最龌龊、最卑鄙和最可恶的贪欲的驱使下完成的。靠自己劳动挣得的私有制,即以各个独立劳动者与其劳动条件相结合为基础的私有制,被资本主义私有制,即以剥削他人的但形式上是自由的劳动为基础的私有制所排挤"②。现在,一无所有的自由劳动者只好被商品化了,他们不

---

① 马克思:《资本论》第一卷,人民出版社1999年版,第829页。
② 马克思:《资本论》第一卷,人民出版社1999年版,第830—831页。

得不同资本家订立劳动契约,而这正是"资本主义与先前所有的劳动剥削制度的差别"①。按照吉登斯的说法,劳动大军中的大部分人不直接生产自己的生存手段,而是订立契约、向他人出卖劳动,从而从他人那里获取生活之必需物。这样一个过程,这个劳动力商品化过程,是人类历史上的首例。② 剥削并不是资本主义的独特现象,只不过,现代资本主义的剥削不是统治者实施的强暴性的人身奴役——雇佣工人的行为看上去是自由的,工人们在形式上可以自由地解除契约。 正是由于资本主义的劳动力商品化,剩余价值才起步,资本主义生产的剥削性质才起步,现代社会的魔法才起步,现代社会在将来的覆灭也开始起步。 也正是因为这一点,生产资料才不断集中,劳动才越来越社会化。 而这,终将不可避免地炸开私有制的资本主义外壳。

---

① 吉登斯:《民族-国家与暴力》,胡宗泽、赵力涛译,三联书店1998年版,第164页。
② 同上书,第167页。

于是,"资本主义私有制的丧钟就要响了。剥夺者就要被剥夺了"①。

在《资本论》中,马克思耐心地揭示了现代社会围绕着商品的经济活动。马克思发现,资本的积累是在贪婪、剥夺和野蛮中完成的,资产者私有财产的获取不是靠个人自己的积累、节俭或者勤奋,而是靠对雇佣劳动者的无情掠夺。"资本主义生产过程的动机和决定目的,是资本尽可能多地自行增殖,也就是尽可能多地生产剩余价值,因而也就是资本家尽可能多地剥削劳动力。随着同时雇佣的工人人数的增加,他们的反抗也加剧了,因此资本为压制这种反抗所施加的压力也必然增加。"②由此,资本主义社会从头至尾都被两个敌对阶级的紧张对峙所贯穿,工人阶级和资产阶级的斗争成为现代资本主义社会的历史主轴,在马克思看来,这个斗争简单、直接、一目了然。

---

① 马克思:《资本论》,人民出版社1999年版,第832页。
② 马克思:《资本论》,人民出版社1999年版,第368页。

劳动力的商品化,这是资本主义生产过程的具体起源。资本主义一旦启动,马克思就从更宽广的历史视角勾勒了现代资产阶级的缓慢成形。技术的进步、市场的扩张以及需求的增加,使行会式经营方式、手工业经营方式和大机器的生产方式轮番上场。技术生产力的发展,使封建社会内部的生产关系动荡不已:"大工业建立了由美洲的发现所准备好的世界市场。世界市场使商业、航海业和陆路交通得到了巨大的发展。这种发展又反过来促进工业的扩展,同时,随着工业、商业、航海业和铁路的扩展,资产阶级也在同一程度上发展起来,增加自己的资本,把中世纪遗留下来的一切阶级都排挤到后面去。"[1]在韦伯那里,现代资产阶级是由观念性的理性锻造而成的,但在马克思这里,现代资产阶级却是技术生产力的狂热发明所造就的。这个将中世纪抛在脑后的资产

---

[1] 马克思、恩格斯:《共产党宣言》,《马克思恩格斯选集》第一卷,人民出版社 1972 年版,第 252 页。

阶级所主导的社会就是现代社会。

马克思诗意而感性地描述了现代社会——尽管是一种残酷的诗意。现代社会的资产阶级将"一切封建的、宗法的和田园诗般的关系都破坏了。它无情地斩断了把人们束缚于天然尊长的形形色色的封建羁绊,它使人和人之间除了赤裸裸的利害关系,除了冷酷无情的'现金交易',就再也没有任何别的联系了。它把宗教的虔诚、骑士的热忱、小市民的伤感这些情感的神圣激发,淹没在利己主义打算的冰水之中"。类似于韦伯的祛魅,这个社会还抹去了一切"受人尊崇和令人敬畏的职业的灵光",同时还撕掉了家庭的温情面纱,使一切神圣的东西都消失了。唯一能够把握的,就是人和人之间纯粹的金钱法则。

在另一个方面,这个欧洲现代资产阶级还有一种巨大魔力,"它按照自己的面貌为自己创造出一个世界"。它将整个世界都变成了一个市场,在世界各地寻找原料并进行加工;毁坏古老的民族工业,突破民族的闭关自守,"甚至将最野蛮的民族都卷到文明中来",并迫使他们采用资产阶级的生活方式;它让未开化的国家变得文明,让愚昧的乡村城市化,让落后的东方从属于西方。 同时,它还消灭各种各样的分散状态,使人口、生产资料和财富集中起来,最终形成政治的集中,从而使这样一个现代国家出现:统一的政府、统一的法律、统一的民族阶级利益和统一的关税。①

现代资产阶级社会以其前所未有的巨大生产力创造了一个崭新的物质世界,它日新月异,除了保留旧时代的阶级斗争模型外,横扫了旧时代的一切。 不过,马克思还强调了这个现代社会的末日趋势。 它的掘墓人无产阶级由它本身来创造。 韦伯不太提及现代社会的将来,但他和马克思都相信,现代社会祛魅般地摧毁了过去的神性原则,而转向了金钱至上的世俗教义,人们

---

① 马克思、恩格斯:《共产党宣言》,《马克思恩格斯选集》第一卷,人民出版社 1972 年版,第 252—256 页。

奔忙于可见的利益,而不再奔忙于来世的幸福。马克思和韦伯都相信,现代资本主义社会取得了巨大的物质进步,但同时也对人的自由构成了威胁。 不过,在马克思这里,利润和积累的形成源自阶级之间的剥削和榨取;但在韦伯这里,积累与其说是通过剥削的手段,不如说是借助资本主义企业合理制度的高效。 从理性出发,韦伯将现代社会视作功能主义的中性铁笼,在这个铁笼里面,阶级的区分并不明显。 与其说是一群人同另一群人纷争,不如说是所有人同形式理性编织的铁笼纷争,同制度纷争,同工具效率主义纷争。 韦伯对现代社会持有一种矛盾态度,现代社会以理性的方式推动物的进步,但物反过来非理性地控制着人,这就是韦伯的现代性悖论。马克思同样看到了现代社会巨大的财富和物质创造,但他将物质的增长看作生产技术进步——而绝不仅是企业组织的高效——的结果,在某种意义上,这种进步也是非观念性的必然历史结果。同韦伯对现代社会的矛盾态度不一样,马克思对这个社会毫不留恋,这个社会的野蛮、暴虐和劫掠令马克思感到厌恶,他急迫地希望这个社会被颠覆。韦伯对这个社会的前景充满困惑,他不知道这个惊人大发展的终点何在,而马克思对最后的结果却满怀希望,他知道惊人的结局将在何处闪现。韦伯相信现代性是欧洲的独特现象,马克思相信欧洲社会的现代性——由于世界市场的力量——将以野蛮的方式席卷全球(《共产党宣言》无疑也是全球化的早期宣言)。韦伯是从组织的独特性——无论是国家组织还是企业组织——来看待现代社会,虽然这种组织有效地控制着经济生产;马克思则是从经济生产的独特性来看待现代社会,虽然这种经济生产和工厂、机器的组织制度密切相关。韦伯在组织和制度里面看到了个人的挣扎,马克思则在经济和生产中看到了阶级之间的对垒。韦伯的铁笼,在马克思这里,注定会成为坟墓。

尽管在现代资本主义的起源上,马克思和韦伯观点迥异,但是,一旦这个资本主义社会建立起来,它的运转机制都是从生产方面得到描述。资本主义自有其独特的生产组织形式。同马克思和韦伯不一样的是,桑巴特对资本主义的起源——在这里,我们一直将资本主义的逐渐成熟看作现代社会的缓慢开端——做了消费主义的论述。他的观点十分明确:奢侈诞生了资本主义。或者说,资本主义是奢侈的产物。桑巴特并不相信,马克思式的世界市场的扩大加剧了资本主义的扩张;他也不相信,韦伯所说的清教禁欲主义导致了资本主义精神。同韦伯相反,桑巴特认为犹太教诞生了资本主义精神;同马克思相反,他认为是消费而非生产导致了资本主义制度。他的观点十分明确:奢侈品消费的增长,影响着工业生产的组织,而奢侈品工业生产采用的最常见的方式就是资本主义组织形式。因此,奢侈之风助长了资本主义。但是,什么是奢侈?"奢侈是超出任何必要开支的花费。"[1]它

---

[1] 维尔纳·桑巴特:《奢侈与资本主义》,王燕平、侯小河译,上海人民出版社 2000 年版,第 79 页。

分为质的奢侈和量的奢侈。桑巴特着重提到了13—18世纪奢侈的情欲动力,宫廷、骑士、暴发户,尤其是妇女——妓女和情妇——是奢侈的主体。妇女们在性自由基础上不遗余力地推动奢侈,直至社会的各个等级中都密布着这种奢侈风气。这个时期的奢侈巅峰,用笛福的话来说,就是"挥霍无度占了上风"。"虚荣、欢乐和奢侈是我们的主宰者。"①大城市、财富和性自由,是奢侈的地域环境。而奢侈的总趋势则是从公开化到逐渐家庭化,从隐秘化到逐渐对象展示化,从艺术化到逐渐官能化,从长周期化到高频率化。正是这些奢侈行为,对农业、贸易和工业都产生了广泛的影响。桑巴特认为,奢侈品工业促成了资本主义组织形式。这存在一系列的原因:奢侈品的生产工序特殊而复杂,需要管理者才智超群,并能有序地驾驭分工、联合和生产;奢侈品消费随时尚而动,这使其销售具有更

---

① 维尔纳·桑巴特:《奢侈与资本主义》,王燕平、侯小河译,上海人民出版社2000年版,第84页。

大的波动性,它需要制造商足智多谋,并有强烈的适应能力,而这是手工业组织所无法胜任的,只有资本主义的组织形式能够从容应对;从历史的原因看,奢侈品工业生产商都是外国人,他们对当地的行会和传统手艺构成威胁,从而形成新的刺激作用,促进了新兴工业的萌芽;最后也是最重要的是,存在一个奢侈品消费市场,使奢侈品工业得到投资,得以维持、运转。这就是奢侈的革命性力量。"奢侈,它本身是非法情爱的一个嫡出的孩子,是它生出了资本主义。"[1]

同马克思和韦伯相比,桑巴特的观点漏洞更大。人们已经指出,桑巴特的资本主义概念模糊不清:奢侈到底产生了怎样的资本主义?而且,如果对照桑巴特的其他著作(比如《犹太人和现代资本主义》),还会发现,桑巴特同韦伯针锋相对地提到了犹太教在资本主义起源上的基础性的精神动力。但在此,桑巴特的资本主义

---

[1] 维尔纳·桑巴特:《奢侈与资本主义》,王燕平、侯小河译,上海人民出版社2000年版,第212—214页。

的宗教因素和世俗化的奢侈之风的关联也付诸阙如，或者说，在资本主义起源这个问题上，犹太教和奢侈之风怎样结为一体而衍生出资本主义？但是，如果我们并不像桑巴特那样在奢侈和含糊的资本主义之间快速地连接上一条逻辑绳索，而仅仅注意到桑巴特从诸多材料中勾勒出的现代社会盛行的奢侈之风的话，我们会发现，桑巴特从另一个方面展现了现代社会的世俗化过程：从文艺复兴开始，爱情逐渐摆脱了宗教和制度的束缚，成为一个自主领域，在这个领域中，一个享乐的妇女阶层形成了。她们周旋于宫廷之内，使欲望一再被激发、挑逗和生产，被点燃的欲望之火顺势就点燃了奢华，从而使得奢侈习气如细菌般迅速地生长和扩散开来。韦伯的谨慎清教徒在小心翼翼地积累的时候，桑巴特的高级妓女则在花天酒地。在韦伯那里，资本主义诞生的根基之一是节俭，对桑巴特来说，这一根基恰好是节俭的反面：奢侈。"而推动任何类型奢侈发展的根本原因，几乎都可以在有意识或无意识地起作用的性冲动中找到。"因为"个人奢侈是从纯粹的感官快乐中生发的",而感官快乐本质上就是性快乐。① 在此,性成为起源,但不是弗洛伊德式的压制—升华式的起源,而是类似德勒兹的生产性根源。 如果抛开资本主义的定义纠缠,抛开奢侈和犹太教之间语焉不详的合谋,在桑巴特这里,能够轻易地发现,现代社会,在往享乐主义的世俗化方向奔跑。 桑巴特的奢侈花费,这一消费主义视角颠倒了马克思和韦伯的生产主义视角(尽管马克思和韦伯在资本主义的起源上针锋相对)。

不过,奢侈之风,刮到今天,已经超出了桑巴特的想象和控制。 奢侈进入它的超级阶段,无用的耗费,不再是习气,在鲍德里亚这里变成了本能。 奢侈,将其全部的资本,全部的精力,全部的赌注,置于形象制作中,置于一个空的能指中,置于铺天盖地的具有广告色彩的商品

---

① 维尔纳·桑巴特:《奢侈与资本主义》,王燕平、侯小河译,上海人民出版社2000年版,第81页。

符号神学中。在桑巴特那里,奢侈成就了实质性的厂家,生产和贸易,成就了一个唯物主义的现代性,但现在,鲍德里亚的奢侈直接打开了消费社会的闸门,它放出来的洪水不再是有分量的泥沙俱下的波涛,而是五颜六色的轻飘飘的斑斓水花。桑巴特的奢侈,促成了现代资本主义社会,但是,鲍德里亚的奢侈,让这个现代社会——其标志是生产和贸易——终结了,或者说,让这个现代社会进入了下一个形态,它围绕着消费、符号、形象和虚构而组织起来,在这个社会里,生产已经终结了,所指终结了,意义终结了,劳动终结了,政治经济学终结了,使用价值和交换价值的辩证关系也终结了。[①] 奢侈最终导向了生产性社会的反面——形象消费社会。在此,我们一再地被告知,交换不过是象征交换。

在鲍德里亚和桑巴特之间,横亘着思考色情和死亡的乔治·巴塔耶。巴塔耶对资本主义经

[①] 汪民安、陈永国、马海良编:《后现代性的哲学话语》,浙江人民出版社 2000 年版,第 310 页。

济实质的判断更接近韦伯而不是桑巴特：资产阶级的特性不是奢侈，而是节俭。但是，巴塔耶以"耗费"这个概念呼应了桑巴特的奢侈。在巴塔耶这里，耗费也是一种消费形式，但是这种消费的目的不是生产，消费不是为了一个事后的有用性结局而实施，它并不在一个增殖轨道的目的论中爬行。相反，这样的耗费是彻头彻尾的丧失，是不权衡利弊的丧失，也就是说，耗费并不受制于有用性目的，像桑巴特的奢侈一样，它是不必要和无用的开支。但是，同桑巴特的奢侈不一样的是，巴塔耶的耗费经济——他的另一种说法是普遍经济——被视作中世纪的特点，而不是资本主义的特点。"区分中世纪经济和资本主义经济的东西很大程度上是，前者静态的经济导致了过度奢华的非生产性消费，而后者积聚和决定了生产机制的动态增长。"[1]在中世纪，耗费是一种普遍的现象，但恰好在资本主义时代，

---

[1] 乔治·巴塔耶：《色情、耗费与普遍经济》，吉林人民出版社 2003 年版，第 164 页。

耗费经济被吝啬和贪婪的资产阶级打断了,后者在拼命地积累,所有的消费都是为了事后进一步的积累。 在中世纪,牧师、军事贵族和生产者形成一个统一实体,生产者屈从于牧师和军事贵族,他只为他们劳动,并换取他们安全和道德上的保障。 这样,生产和消费只是在一个静止而封闭的内部循环,它并不导向一个额外的增长目的,在这样的情况下,所有剩余的超出生存必需之外的财富和价值都被消耗掉,消耗在无用的展示景观中,消耗在繁文缛节般的宗教活动中,消耗在"令上帝喜悦的善的德行"[①]中。 这些消费,并不抱有功用目标。 因此,耗费性的奢侈,在中世纪的封建贵族那里,成为基本性的消费活动。 而这,也正是新兴资产阶级仇视他们的地方。 资本主义并非起源于奢侈,而是消灭了奢侈。 在资本主义时代,生产者是独立的。资产阶级实行的是积累性的生产经济,每一次消

---

① 乔治·巴塔耶:《色情、耗费与普遍经济》,吉林人民出版社2003年版,第166—167页。

费都紧盯着一个额外的实用性靶子,都是为了回报,为了在一个目的论中有益地循环,一言以蔽之,都是理性的。他们放弃了纯粹的光荣性的耗费义务,也放弃了慷慨、娇纵、奢华和高贵。如果说中世纪的封建领主习惯于炫耀性的景观铺张的话,那么,资产阶级的隐秘爱好则是将"财富的展示藏在紧闭的大门之后"①。

尽管结论不同,但从消费——而非生产——出发,来诊断现代社会的性质,这是桑巴特和巴塔耶的共同特点。在桑巴特那里,现代社会源于奢侈的刺激;而在巴塔耶那里,现代社会恰好源于奢侈的放弃。巴塔耶更接近韦伯,他们都将理性视作资本主义经济行为的品格。不过,巴塔耶的尼采主义视角,使他比韦伯更为激进。韦伯对理性主义的悖论持有矛盾态度,他区分出不同的理性主义。而巴塔耶对理性主义——无论是经济理性、制度理性还是观念意

---

① 乔治·巴塔耶:《色情、耗费与普遍经济》,吉林人民出版社 2003 年版,第 35 页。

义上的理性——持有一揽子的轻蔑敌意。他对目的理性和工具理性一视同仁：二者都是对巴塔耶信奉的尼采式酒神精神的放弃。巴塔耶攻击理性化的现代社会合目的性的积累和增长，而宣扬耗费性的盲目缺失、非功利性的缺失、纯粹的缺失，他宣扬一种缺失的非理性。而所有这些，却被精打细算的现代社会毫不留情地埋葬了。同中世纪的浪费主义相对立的理性主义和功利主义，构成了巴塔耶的现代性内容。他的耗费概念，其基本品质是非理性的缺失和花费。耗费——无论是经济意义上的还是生物意义上的——就是要对理性现代性实施一番激烈爆炸。在巴塔耶那里，现代性并没有激起他一贯信奉的矛盾情感，而是激起了他绝对的毫无回旋余地的坚决敌意。他义无反顾地抛弃了现代性，正是在这个意义上，哈贝马斯称他是尼采和后现代性之间的桥梁。由于其激进的反现代性思想，巴塔耶被后结构主义者一再地膜拜。

韦伯从理性出发,马克思从商品出发,桑巴特从奢侈这一生活习性出发,来论述现代资本主义社会的开端和品质。理性社会是除魔化的,商品社会是市场化的,奢侈社会是欲望化的。除魔、市场和欲望分别对应于中世纪的神圣、封闭性自足和苦行。理性制度、到处奔波的商品和想入非非的奢华式欲望,以宗教改革为契机,借助各种各样的技术科学,编织了现代社会的政治、经济和伦理的粗糙轮廓,这个轮廓一步步掀开了往日精神帝国的统一帷幕,到 19 世纪终于大白于天下。这是一个不折不扣的世俗化过程,人们开始慢慢地探出头来,在各种各样的科学中、在脚踏实地的现世中、在利益的严格盘算中、在弗洛伊德式的快感中出让自己。现代个体,表现了惊人的创造力,很难说是他创造了这个社会,还是这个社会成就了他。现代个体的创造性活力是以冷静的理性为根基的。现在,理性不仅仅是先前对那个神秘世界的否定,它还是一种巨大的根源性力量。在韦伯那里,冷静的理性是铁笼之源;在马克思那里,它是异化之源;在桑巴特那里,则充满讽刺地是浮华之源;在巴塔耶那里,则是贯穿始终的太阳终将熄灭的末日之源。在所有这些论述中,现代性被叙述为社会理性化和世俗化的一段历史,16 世纪是 19 世纪的种子,19 世纪是 16 世纪的果实。韦伯、马克思、桑巴特的这三种论述,构成了有关现代资本主义起源的经典话语。

与他们相比,在对社会的判断上,福柯不仅具有一种分期上的差异,还具有一种视角的差异。他跳过了理性,抓住了权力。如果信奉尼采主义的话,如果信奉世界就是权力意志的话,那么,自然地,社会的基石就是权力,社会关系就是权力关系,社会的分析就是权力的分析。因此,现代社会和前现代社会的差异,就既不是理性和神性的差异,也不是商品和产品的差异,更不是奢侈和简朴的差异,而是一种权力和另一种权力的差异:一方是巧取豪夺的、强征的、压迫的、暴躁的、粗鲁的权力;另一方是激励的、生产的、创造的、投资的、管理的权力。实际上,福柯不屈不挠地将法国大革命视作现代社会的开端,在他看来,16—18世纪与其说是现代社会的序曲,不如说是现代社会的反面,因此,他一再激进地将这个时期称为古典社会,以示同现代的19世纪的分歧。福柯从知识构型的角度论述了现代社会同古典社会世界观的断裂,更重要的是,他从权力的角度论述了两种社会的管理和处置生命机制的断裂。政治分析,不再将目光汇集在国家威严的权力统治上面,不再破译围绕着君主的神秘光环;政治,与民主和独裁无关,它将自由和奴役的传统搁置一边,政治,来到了一个全新的王国,一个日常生活的王国,一个遍布社会小型机制的王国。政治领域不再是特权领域,而是任意的充满差异关系的领域。只要是差异关系,就必定充满权力关系。在社会的每一个细微之处,在边缘,在角落,在晦暗或者明亮的地带,权力在出没、调动、施展、发挥其特长和技术,实践其诡计和意图。我们看到,权力技术实践的差异,正是现代社会和古典社会的分野。

就此而言,现代社会的独特之处在于它发明了新的权力技术,这种技术从 17 世纪的古典社会发展而来,但是到了 19 世纪日臻成熟,四处扩散,琳琅满目。福柯首先分析了惩罚权力和惩罚制度的变迁。在《规训与惩罚》的开端,福柯就将古典社会的惩罚形式同现代社会的惩罚形式对立起来。古典社会将其惩罚的利爪作用于身体,这种惩罚是公开展示的,残暴又血腥,并伴随着以暴制暴的报复本能。惩罚所制造的肉体痛苦中夹杂着快感。但在现代社会中,酷刑消失了,身体不再是惩罚的主要对象。惩罚变得节制了,惩罚的严峻性在减弱,人们甚至羞于惩罚,"人们不再(或基本上不再)直接触碰身体,而是触碰身体以外的东西……肉体痛苦不再是惩罚的一个构成因素。惩罚从一种制造无法忍受的感觉的技术转变为一种暂时剥夺权利的经济机制"。这就是现代社会的惩罚机制。更

二 现代资本主义

具体地说,现代社会的惩罚,是将身体作为一个工具或媒介,将身体"控制在一个强制、剥夺、义务和限制的体系中"[①]。这个体系不将苦痛施加于肉体,而是对身体实施监禁和干预。从根本上而言,惩罚的对象不再是身体,而是灵魂。惩罚不再是折磨身体,而是改造灵魂;不再是消极地否定,而是积极地干预;不再是镇压,而是疗效;不再是刽子手的屠戮,而是一个庞大的技术人员大军的人道照顾;即便是死刑,惩罚现在要伤害的是生命,而不是肉体。惩罚,现在已经进入了一个非肉体的时代,这是一种惩罚的全新道德,"是一个司法保持克制的乌托邦"[②]。其特点是,"施加惩罚,但没有任何肉体痛苦"。

尽管是以一种仁慈的非痛苦的方式,但惩罚总是要涉及肉体,"即肉体及其力量、它们的可利用性和可驯服性、对它们的安排和征服"。

[①] 福柯:《规训与惩罚》,刘北成、杨远婴译,三联书店1999年版,第11页。
[②] 同上书,第12页。

这就是肉体的权力技术学。在现代社会,"惩罚制度应该置于某种有关肉体的'政治经济'中来考察"。"肉体也直接卷入某种政治领域;权力关系直接控制它,干预它,给它打上标记,训练它,折磨它,强迫它完成某些任务、表现某些仪式和发出某些信号。这种对肉体的政治干预,按照一种复杂的交互关系,与对肉体的经济使用密切相联;肉体基本上是作为一种生产力而受到权力和支配关系的干预。"①这样,现代社会和古代社会的差异,就通过惩罚技术,或更准确地说是权力技术的差异,表现出来。

现代社会对身体的惩罚技术,就是规训。存在一系列的规训技术和手段,其目的是制造有用的人和有用的个体,他们服从于特定的政治经济目标。因此,现代的规训权力,不再是镇压和消灭,而是矫正和改造,是产出和造就,是生产出有用而驯服的现代个体,并生产出关于这个个体

---

① 福柯:《规训与惩罚》,刘北成、杨远婴译,三联书店1999年版,第37页。

的全部知识。 规训遍布整个现代社会，监狱习得、锤炼和深化了各种规训技术，而变成现代社会的一个象征性典范。 福柯因此断言，现代社会，耸立起来一大堆封闭性机制，遍布着不同因素组成的复杂网络，其意象是"高墙、空间、机构、规章、话语"，它们形成一系列的"监狱群岛"。 这个现代的监狱之城"致力于规范化权力"，它们旨在"减轻痛苦、治疗创伤和给予慰藉"，但这不过是"居心叵测的怜悯，不可公开的残酷伎俩，鸡零狗碎的小花招"。①

在19世纪的现代社会，个体不再遭到至上的君主权力一劳永逸的屠戮，而是相反地被权力一再地投资。 这就是现代社会和古典社会的基本差异。 现代社会积极地管理、改造和培训个体，惩罚朝着一个积极的方向充满策略性地运转，古典社会则通过肉体施暴的方式对任何的违纪者施加痛苦的报复。 古典社会不是改造和矫

---

① 福柯：《规训与惩罚》，刘北成、杨远婴译，三联书店1999年版，第353页。

正,而是消灭和否定。断头台、绞刑架、碎尸为古代社会编织了一个混乱而残忍的意象:血。血具有多重意义:杀戮之血,血统之血,变易、混合、干枯之血。这就是一个血腥的社会。与此相对,现代社会拆掉了断头台,"权力的机制面向身体、生命,面向使生命繁殖的东西"。权力的想象和激情酝酿在后代、种族、整体性的人口健康等方面,将这些东西统摄起来的就是性,性既位于身体的核心,也位于整体性人口的核心。性,被唤醒,成为目标和靶子,被管理,被描绘,被刺激,被控制。在现代社会,性成为象征。古典社会和现代社会的差异就在于此:"如果说有什么东西属于法律、死亡、违禁、象征和绝对王权,那就是血;而性则属于规范、知识、观念、训练与调节。"[①]血和性的象征差异,是杀戮和救治的差异,是残暴和人道的差异,是否定权力和肯定权力的技术性差异,是

---

① 福柯:《福柯集》,上海远东出版社1998年版,第380页。

绞刑架和监狱的差异,是禁闭所和疯人院的差异,是 17 世纪和 19 世纪的差异,最终,就是古典社会和现代社会的差异。

三

现代观念

现代生活和现代社会都从神圣的超验领域退却了，它们越来越转向世俗的事务。纵向的天国被铲平，人们在地上横向地彼此观望。这种向俗务的实践性退却，同时伴随着观念领域的世俗化退却。因此，让我们换一个角度——从政治社会的角度和纯粹观念的角度——展开现代性的叙事。

在这里，在现代性的开端处，按照列奥·施特劳斯的说法，站着的是政治性的诡计多端的马基雅维里。马基雅维里第一个将他的理论抱负置放在务实的现实政治上，同那些深究

"理想国"的古人不同,他不是幻想家,而是"短视"者,他将目光下降到地面的实际国度,只关心具体的现实统治技术。由于君主和君权的联系并不是自然的,二者间并没有一根完全合法的纽带,君主可以巧妙地获取君权,也可以莫名其妙地失去君权,那么,君主保持和维护其君权,就需要计谋和手段。马基雅维里的问题是,君主借用什么样的手段保持他的君权?君主如何施展他的权力技术?这就是马基雅维里的政治学,因为其理论的现实性和务实性,因为其对手段和技术的兴趣,古代政治学的抱负,即对最佳政制的臆想被放弃了。在古人那里,德性是最高目的,政制屈从于德性,最好的政制就是有利于德性的实践。这样的政制的获取靠机缘。至关重要的是,这个政制应以符合人的自然本性——其禀性是善——为基础,它应该在自然本性上生长出来。但这个自然本性——善——不是意志和激情,它独立于甚至是背离人的意志和激情,它是一套自然的秩序、自然的法则和自然的尺度。这个自然秩序是神性的,而且尽善尽美。正是这个先在的法则,提供了政制的合法性秩序,善和德性位于它的核心。个人的权利、激情和欲望应该在这个秩序中收敛起来。但马基雅维里颠倒了这个成见:政制和统治是最高目的,德性屈从于政制,政制的实践可以将德性弃置一边。这样的政制靠技术可以获致,因此,人的自然本性并不是它的基础,并没有一个以自然秩序为基础的理想国,倒是人的意志在操纵政治社会。这样,国家统治技术,成为压倒性的头等大事。德性目的,以及要实现这个德性目的的理想国,就被推到了后台。马基雅维里针对的是一个现实的如何统治的国家,而不是一个幻想的应当如何的国家。同时,他所讨论的是"君主国是什么,它有什么种类,怎样获得,怎样维持,以及为什么会丧失"[1]。在他这里,"政

---

[1] 马基雅维里:《君主论》,潘汉典译,商务印书馆1985年版,第12页。

治社会便绝非自然的,国家只是一件人工制品,应当归因于习俗"①。

对现实的强调,对技术和手段的着迷,政制对于德性的垄断,自然意志对自然秩序的压倒性胜利,将政治行为作为一个世俗自治的区域,而不是神学的分支来对待,尤其是,"不提任何关于人在自然的伟大的存在之链中的位置的学说",而且"没有对上帝和神律的严肃假设"。② 如此种种,同古人的(无论是希腊罗马传统还是《圣经》传统)有关政制和统治学说的差异,使列奥·施特劳斯将马基雅维里视为现代性的开端。伯林在另一种意义上看待马基雅维里的原创性——伯林恰好也以这一主张著称:各种目标和各种价值同样神圣、同样终极,但可以互相矛盾,并且永远无法调和。

---

① 列奥·施特劳斯:《现代性的三次浪潮》,丁耘译,载《学术思想评论》第六辑,贺照田编,吉林人民出版社 2002 年版,第 92 页。
② 以赛亚·伯林:《反潮流》,冯克利译,译林出版社 2002 年版,第 44—45 页。

马基雅维里将政治拉回世俗的技术性事务中,他的决定性开端颠倒了古代的自然和政制的关系:政制并非按照自然法的内在要求顺利地生长出来,人并非被动地安然于其内在的等级秩序之中。现在不是听天由命的时候了,相反,意志可以主动选择政制。但是,霍布斯还是强调了政制和自然法的密切联系,政制应该在自然法的基础上生长出来,这看上去是对马基雅维里的否定,但霍布斯却通过重新解释自然法的概念,推进了马基雅维里:自然法在霍布斯这里,其要点不是超验的善的自然本性,不是规范性的准则,不是对人有约束力的秩序,不是一个客观的尺度,而是人的自保本能、欲望和意志,最终,自然法被改写为人的自然权利。政制应该符合自然法的要求,在这个意义上,就是符合自然权利的要求,而不是符合德性和正义这一古代的最高自然要求。与身体相关的自然权利取代了超验的善、正义和德性,成为政治社会的基础和标准。在古代,自然权利因为德性的最高目的而受到制约，在霍布斯这里，自然权利作为自然法制约了德性。权利历史性地突破了先前自然秩序的障碍，而获得绝对的膨胀的自主，并使政治社会盘绕着它而展开。

在此，我们发现了日后自由主义的曙光：欲望和激情猛然冲破了秩序的闸门，政治秩序不是在管制它们，恰好相反，是它们创造了政治秩序。政制不再臣服于以德性为根基的自然，相反，它应该在自然权利的基础上生长。霍布斯的经验主义使他将人看作自然——这个自然不再是神圣的秩序，而是身体性的冲动，是感官主义的。具体地说，自然的欲望主宰着个体，它是人的行为根基，理性不过是欲望的副产品，它是欲望和激情爆发时的奴隶性工具。这个欲望强劲有力，永不中断，"没有欲望，就会死"。既然每个人都被这种一点都不安静的冲动欲望所宰制，那么，人和人之间的关系不过是欲望之间的碰撞关系。这就是一切人对一切人的战争。无限制的暴力，没完没了的敌意，时时刻刻的恐怖和恫吓，这就是霍布斯描述的残酷的临战般的自然状态。显然，这个非社会性的自然状态对个人的自保权利构成威胁，因此，一个强大而绝对的君主应该通过契约的方式被选中。根据契约，人们必须放弃自律权，心甘情愿地接受这个人间上帝的统治。个人都收敛起自己的进攻性的自然欲望，不过是为了让自我保存的欲望得以维持。国家在自然的个人之间起着沟通性的媒介作用，从而让自然状态衍生为社会组织。个人之所以让渡给君主那么多的权利，不过是为了让君主瞪大眼睛为自己看守和护卫自保权利。自保，这个基础性的自然权利，在霍布斯那里，毫不曲折地通向了独裁式的绝对君主制。

但是，在洛克那里，以自然权利为基础，自由主义政制兴起了。洛克的自然状态比霍布斯要温和与理性得多，人群并非狼群，因此，根据契约达成的政府形式就并不张牙舞爪。自然权利的内容，在霍布斯那里，是自我保存，在洛克那里，则变成了财产权。霍布斯为了保障自然权利,呼唤一个超验般的现代君主。 洛克为了保障自然权利(财产),却让这个法力无边的君主退位,并呼唤一个并非飞扬跋扈的现代国家形式:"人们联合成为国家和置身于政府之下的重大的和主要的目的,是保护他们的财产。"①无论是洛克的政府,还是霍布斯的君主,都被设想为对自然权利的保护。 但是,洛克的政府为什么力图取代霍布斯的君主? 在洛克看来,霍布斯的君主可以对臣民之间的纠纷进行裁决,但权力无限的君主和臣民的纠纷却没有仲裁者,他们的关系仍旧是自然状态的关系。 因此,绝对君权应该让位于议会主权。政府的权力不能是法力无边的,它应该收敛,应该被限制,绝对权力应该被分化并彼此制衡。 洛克的主张为"光荣革命"后的英国做了注释。 在洛克这里,分权制的现代政府的雏形开始形成,经过孟德斯鸠的阐释,在美国的

---

① 洛克:《政府论》下篇,叶启芳、瞿菊农译,商务印书馆1982年版,第77页。

《独立宣言》中付诸实践，现代自由主义的典范国家形式开始耸立起来。

国家是技术性的人工制品，而非天然的秩序性法则；国家是人间的社会契约，而非上帝的天意；国家是对自然权利和意志的保障，而非对它们的限制性否定；国家应该是有限权力，而非绝对王权。从马基雅维里到霍布斯再到洛克，现代国家的概念逐渐形成：这是一个世俗的被谋划的国家，它是个人的自愿联合体，国家的动源性根基是个人的权利和意志，其合法性是同意性的契约。这就是17世纪开始形成的国家概念。其核心是个人的基本权利必须得到保护和尊重，个人，作为最高价值，受到国家的尊重，个人及其权利，是社会的法律、政治和经济原则的根基。现在，人内在的自然本性，而非外在的秩序性的道德标准，成为自由主义的磐石。如果说，自由主义理论和实践是现代性的一个重要组成部分的话，那么，现代性的标志之一，就是内在于自由主义的自然本性的世俗泛滥，就是各种私欲和意志被赋予了正当权利，就是将权利凌驾于善和正义之上，就是将个人价值凌驾于整体价值之上。而这，终将引发一盘散沙的虚无主义，现代性的动荡危机由此而生。

自由主义对个人及其权利的强调，不过是时代气质在政治领域的回音。事实上，我们已经看到了，在狭隘的意义上，政治上的自由主义同经济上的资本主义在16世纪以来的世俗化潮流中遥相呼应，二者具有相似的历史气质：国家理性与经济理性相呼应；自然权利的私欲与利益冲动的私欲相呼应；权利的个人主义与商业的个人主义相呼应。尽管自由主义和资本主义难解难分，文艺复兴和宗教改革也前后相接，但还是可以大概地——也只能是大概地——说，作为经济形态的资本主义，其根源存在于宗教改革中；作为政治形态的自由主义，其最早的观念出自文艺复兴。

马基雅维里作为开端，就毫不奇怪。他被文艺复兴的氛围所包围。事实上，在他之前的一两个世纪，人就以回到古代的名义重新在欧洲的版图上出现。按照布克哈特的说法，文艺复兴就是人文主义，其特点是发现人和发现自然。人将目光低垂到自身置于其中的此岸世界，并对自身的潜力和理性进行探索。这已经不是退隐和沉默之人了，人不应该被抑制，不应该"把谦卑、克制和轻视世俗事务当作人类的最高品德"①。相反，人的内在性、力量和潜能应被唤醒，被发现，被恰当地培养和发展。奥古斯丁将人看作堕落的生物，他要克制，要上帝的拯救，要为来世而祭献现世，总之，要泯灭"人性"。但人文主义者却相信人的尊严和优越性，荣誉和声名成为人的目的，追求技艺和完美的人格是基本的生活态度。人，以其复杂的内心奥秘和现世荣光得到表达。同时，是自然，而非天国成为好奇心最主要的对象。但丁率先发现了现世的人性秘密，彼特拉克则发现了现世

---

① 阿伦·布洛克：《西方人文主义传统》，董乐山译，三联书店1997年版，第34页。

的自然之美,在达·芬奇那里,自然的秘密和人的秘密结合在一起,从而表现为对人体的精确描绘。对丰满而完整的人性的发现,是文艺复兴的"一项尤为伟大的成就"①。人们力图将自己培养成多才多艺的艺术品。在这样一个"人的发现"传统的末端,是处于16、17世纪之交的莎士比亚的赞叹:"人类是一件多么了不得的杰作!多么高贵的理性!多么伟大的力量!多么优美的仪表!多么文雅的举动!在行为上他多么像一个天使!在智慧上多么像一个天神!"②人终于站在了宇宙的中心。自然和天神现在由人来衡量。

欧洲的文艺复兴将人推到了历史的前台。人们慢慢相信,是人而非天意在书写历史,反过来,历史是人类竞争的产物。人文主义者对此世的热情虽然不排斥信仰,但绝不被信仰所笼

---

① 雅各布·布克哈特:《意大利文艺复兴时期的文化》,何新译,商务印书馆1997年版,第302页。
② 威廉·莎士比亚:《莎士比亚悲剧五种》,朱生豪译,人民文学出版社2016年版,第213页。

罩。他们热衷于竞争角逐而不是沉思冥想。世俗的丰功伟业斩断了人和天国的牵连。马基雅维里置身于这样的氛围和传统中,将这种观点创造性地加以发挥。人可以通过手段和技术——尽管不免残酷——达成自己的目标。人能够主宰历史,主宰政治事务,人能够充满快感地实践权力的游戏。如果说人文主义既发现了人,也发现了人的尊严的话,那么,就前者而言,马基雅维里是人文主义的忠实产品,就后者而言,他走得过于极端而成为人文主义的敌人。因此,在马基雅维里那里,出现了一种奇怪的充满悖论的人文主义,即一种反人文主义的人文主义。这里的核心是,人充斥着巨大的自主力量,并有能力处在历史的中心。政制是人工制品,它的观念性根源则是人的发现,是人的自主性的前所未有的增强。但是,这个人工的政制产品,服务于君主,而不服务于政制下的个人,因此,在这个意义上,它是反人文主义的,也是反自由主义的。

在文艺复兴时代，人，开始获得自身的景观、厚度和物质性。 在意大利，虽然不信教的风气开始蔓延，但人们还是试图在激情和信仰之间获得包容性的平衡：人们推崇希腊和罗马，但并不狂暴地攻击教会；人们反感教会，但并不根绝圣典意识；人们纵情欢快，但并不蔑视表面的宗教习惯。① 对于教会的愤怒留给了德意志。接踵而来的席卷欧洲的宗教改革，将教会作为靶子，并将人文主义思想灌输给民众。 宗教改革奠定了《圣经》的主导和起源性地位，但同文艺复兴一样，也开启了新的个人主义。 这虽然是和上帝交流的个人，但毕竟不再是臣服于某一中介组织的个人，不再是被律条和标准所绑缚起来的个人，不再是负荷累累、顾虑重重的个人。个人可以自己决定自己的选择性理解。 人，在宗教意识中，依然能嗅到自由的气息，能嗅到尘世的气息。 人们在尘世中的操劳并不动摇其对

---

① 雅各布·布克哈特：《意大利文艺复兴时期的文化》，何新译，商务印书馆1997年版，第448页。

上帝的信仰，或者说，尘世中的操劳就是为了获救。但是，宗教改革和文艺复兴还是存在神学方面的分歧：对伊拉斯谟这样的人文主义者而言，对人性的肯定，人的日渐自信，意志的自主，不可避免地会暗中削弱（尽管不是强烈地抵制）人生而堕落的教义；但对路德而言，这断然不行，人还是充满着原罪，并需要上帝的救赎，在尘世中的行事，无论如何不能有损《圣经》的权威。在上帝面前越是谦卑，在尘世中越是苦行劳作，得救的机会就越大。人文主义者悄悄地淡化信仰却不猛烈攻击天主教会，新教徒猛烈攻击天主教会但丝毫不淡化信仰。人文主义者是因为淡化信仰而置身于尘世，新教徒则是因为解除了教会的束缚而置身于尘世。显然，新教徒和人文主义者并不相容，但也常常情不自禁地携手并进——他们的脚步都踏进了世俗生活的漩涡中。文艺复兴和宗教改革是现代性在 16 世纪的两个具有革命性的叙事性起源，尘世和个人，一并成为它们的关注点。只不过，文艺复兴对于个人的诉求是以肯定的方式诉诸古代，宗教改革则是以否定教会的方式诉诸福音。人文主义者以娱乐的方式在尘世中保持个体的自尊，清教徒则以苦行的方式在尘世中保持个体的信仰。二者都是对中古的拒绝式偏离，但人文主义者是要跨过它并重返它的史前时期，新教徒则是要摆脱它并创造一个将来。享乐而自尊的人文主义者——在思想和政治上——成为启蒙运动的先驱，劳作而苦行的新教徒——在经济和生产上——成为工业资产阶级的先驱。

个人，就这样被文艺复兴和宗教改革不约而同地从历史的雾霭中推出。教会权威、教会事务——无论是其神学意愿还是其圣礼手续——在这个过程中遭到了抵制和打击。在扳倒了教会的垄断般的石头之后，经院神学的知识性权威也摇摇欲坠。现代科学，成长于这个动荡时刻。从哥白尼开始，科学向教义发起了一轮又一轮的攻击，经过开普勒、伽利略到最后牛顿万有引力定律的推进，人们发现，物体和物体之间彼此具有强大的吸引力,正是据此,它们可以自行运转,而并不需要一个外在推力起作用,运动并不靠神意来发起。 同时,地球并非宇宙的中心,它不过是浩瀚宇宙中微不足道的一颗行星,这个宇宙并不是非要和人发生关系,也并非亚里士多德所想象的那样一定存在特定目的。 在此,神的起源地位在衰落,自然中也许并没有神在显灵。 相反,自然可能是一个僵硬的机器,它既没有生命,也没有精灵;既非法力无边,也非神圣难料。 自然,在希腊人那里,和神性水乳交融,自然秩序就是神性秩序,它在自身的目的论中展开,完美无缺;在中世纪,自然则变成上帝的创造,由于人的堕落而充满罪感,它和上帝构成紧张的二元关系;现在,自然既根除了同上帝的紧张关联,同时也并不包含一个亚里士多德式的自我运动的目的,它完全成为算术和几何学的冷静对象。 它以其巨大的物质性不动声色地沉睡在人的面前,并保有一种钟表般精确的规律。这种机器般的规律尽管隐而不显,但也并非不能被发现。自然界在一个合规律的轨道中准确地运行,它没有偏差、错觉和模糊的闪失。因此,探究它的科学知识信心十足,而且同样是精确、客观和毫厘不爽的。科学史无前例地在自然面前形成了一个统治性的技术构架,自然被动地臣服于它面前的人类,而不再自以为是。到牛顿这里,科学进入了它的现代形态。

地球不再是中心,一方面这一新的发现让人在宇宙中的位置变得谦卑了,人不是所有事务要汇聚奔往的目标;另一方面,它又抬高了人的位置,现在,人可以面对宇宙,可以直接同自然打交道,并能洞悉它的奥秘。人,现在作为一个认知主体得意地站在自然的对面。科学抛弃了亚里士多德的目的论传统,抛弃了《圣经》传统,也抛弃了经院神学传统,在这个转变过程中,人、自然和神的三角关系被破坏了,神力从这个三角关系中被逐渐驱逐出去。科学成为人和自然的竞力游戏,它是一种全新的认知形式,无生命的枯燥的机器一般的自然被带过来,遭到人的严厉审判。"从原则上来说,再也没有什么神秘莫测、无法计算的力量在起作用,人们可以通过计算掌握一切。而这就意味着为世界除魔……技术和计算在发挥着这样的功效,而这比任何其他事情更明确地意味着理智化。"[1]

人的出现,在近代以两种实践形式同时发生。一方面是摆脱教会的绳索,另一方面是对自然的主宰,人的兴趣和目标逐渐从虚幻的天国开始转向切实的自然,人从一只被动谦恭的沉默羔羊转变成一头主动自信的狂暴猛兽。在17世纪,人虽然曲折却是必然地变换这种角色关系。在这个变换过程中,替代信仰的理性被悄悄地召唤而至。人和自然的关系,成为理性和知识施展自身的主要场所。人们相信自己的理性能力,相信理性可以穿透自然的内在奥妙。培根表现出前所未有的雄心,在他看来,知识是巨大的工具性力量,它不仅要认识自然,更重要的

---

[1] 马克斯·韦伯:《学术与政治》,冯克利译,三联书店1998年版,第29页。

是,它还要驾驭、操纵和征服自然,要让自然顺从人的意志,并服务于人。"知识的真正目的、范围和职责,并不在于任何貌似有理的、令人愉悦的、充满敬畏的和让人钦慕的言论,或某些能够带来启发的论证,而是在于实践和劳动,在于对人类从未揭示过的特殊事物的发现,以此更好地服务和造福于人类生活。"① 人和自然展现出一种对抗关系,自然以它自身固有的晦涩秘密抗拒着人的索取,反过来,人就是要借助理性奋力地将自然驯服。培根表达了强烈的征服自然的愿望,他将这个愿望表达得像男人的性欲一样强烈:人要去诱奸、穿透和强暴自然。培根的伟大愿望是通过技术改变大地和社会的面貌,并造福于人类。在此,自然是质料,是对象,是可锻造的素材,是人表达意志和展现能力的场所,是理性一展宏图之处。人的知识使命,现在是控制、征服和利用自然。培根就此构筑了工具

---

① 霍克海默、阿道尔诺:《启蒙辩证法》,渠敬东、曹卫东译,上海人民出版社 2003 年版,第 2—3 页。

理性的雏形。 人的能力和信心史无前例地在增强。 地球不再是宇宙的中心,这对人和神都是一个巨大的打击,但是,由于宇宙机器钟表一般的规律性,人可以认知它、驾驭它和利用它,这从另一个方面开启了人类中心论——人是统治和宰制自然的中心。

笛卡尔的哲学从另一个方向巩固了人和自然的对立关系。 笛卡尔泾渭分明地将身体和心灵区分开来。 心灵是认知、理性、推断和科学的工具;身体则是机器一般的僵硬自然。 人在孩童期被身体所统治,知识无法生长出来,在认识论上是一块白板,世界也因此变得混沌一片。身体和激情对世界的反应犹如魔镜,它照出来的不是真实而客观的对象,而是一个混乱、连续、交叉重叠的暧昧世界。 儿童的认知世界,如同现代之前的中世纪和文艺复兴时期一样,是一个通感世界,所有的事物都被一种变形的关联网络所笼罩,它们在这个联络之网中一起无序地舞蹈。 笛卡尔的世界,是个成人世界。 一旦长大成人，心灵开始驱逐孩童自然的身体，也驱逐它的朦胧、激情和欲望，驱逐它在知识上的混乱无序。"真正说来，我们只是通过在我们心里的理智功能，而不是通过想象，也不是通过感官来领会物体，而且我们不是由于看见了它，或者我们摸到了它才认识它，而只是由于我们用思维领会它。"① 因此，笛卡尔相信，人的本质不是机器一样组合起来的身体，而"只是一个在思维的东西，也就是说，一个精神，一个理智，或者一个理性"②。 成熟的心灵，也就是这个理性，开始对世界进行清晰的分辨，自然世界逼真地显现在人的面前，并且表现得井然有序、条分缕析。"客体本身只能借助于'度量而不是共感'来把握。 因此，幼年期主观性的幽灵便被一种对世界的冰冷的、非个人化的、疏离的认知关系所驱除。 与此同时，幼年期宇宙的梦魇般景象也就

---

① 笛卡尔：《第一哲学沉思集》，庞景仁译，商务印书馆 1998 年版，第 33 页。
② 同上书，第 26 页。

变成了现代科学和哲学的明亮的实验室。"①孩童般的身体和成人式的思维现在公然对立。这就是著名的身心二元论,前者导向认识论上的谬误,它无法在发现自然的过程中大显身手,后者主宰着科学的认识论,只有思维的理性(主体)能够再现客体,同时将客体对象化和异己化。哲学上巨大的主客体分离模式出现了,与之相伴的是另一个身心分离模式。笛卡尔式的主体(心灵)和培根一样,发誓要对这个自然世界进行征服和整饬。

笛卡尔的主体,因此就非同凡响。从本质上来说,它是我思和理性,从功能上来说,它是对自然的认识和征服。主体哲学就此奠定了它的双重根基。理性因此也可以在两个二元对抗中来理解:它既是对自然—身体的对立性超越;也是对自然—世界的对立性超越。这个理性就

---

① 苏珊·博尔多:《笛卡尔的思维男性化和 17 世纪从女性特质的逃逸》,伍厚恺译,载《现代性基本读本》,汪民安、陈永国、张云鹏主编,河南大学出版社 2005 年版,第 338 页。

是主体中心理性。理性站在了自然的对立面，并对自然——无论它表现为感官化的身体还是表现为对象化的外在世界——享有一种绝对的优越性。在征服外在自然方面，这个主体和培根别无二致，在克服内在的自然身体方面，这个主体却和培根背道而驰——在培根那里，身体的感官经验，而非演绎式的理性，才是知识的起源。因此，同培根一样，笛卡尔也要做自然的主人，但是，同培根不一样的是，笛卡尔试图用先验的理性图式来达到这个目的，认知存在于一个固有的先验范畴中，这是人的先天能力，即是心灵中固有的可以演绎推论的理性能力。培根则用经验实践完成这个任务，知识不是借助先在的体系框架，而是在感官的摸索中得以形成。不过，主体——无论是经验主体还是理性主体——从自然的背景中脱颖而出，并骄横地站在其对立面。这是 17 世纪共同的显赫图景。这个对立是一系列沟壑般的对立的隐喻，它们秩序井然地遍布欧洲：理性和非理性；存在和非存在；日光和眩感;白昼和黑夜。17世纪就是被泾渭分明的对抗所镌刻。

人,在马基雅维里的文艺复兴时期被发现,在路德的宗教改革运动中被从教会中解放出来,在培根和笛卡尔的17世纪开始成为自然界的理性主宰。人,经过观念、科学和哲学的共同努力,被提高到历史的夺目之处并且熠熠生辉。现代,正是在16、17世纪,在人被发现的意义上,在人成为主宰的意义上,在由人类中心论锻造而成的意义上,被称为现代。在人、神和自然的三角竞力关系中,人逐渐胜出。人现在不是顺应于自然,而是宰制自然。在同样的意义上,人也不顺应于作为自然的社会秩序,而是宰制社会秩序,确立政制社会的法则,政制必须根据人的意愿来达成,而不是根据先在的自然秩序或者神意被确定。因此,政制社会是一个契约性的人工产品。霍布斯和洛克开拓的自由主义,正是人统治和主宰自然的政治回音,是文艺复兴以来个人被发现的政治回音,是个人的自然权利和意志受到尊重的政治回音,同时,也是 17 世纪哲学理性主义的回音——理性主义,正是对无政府式的自然状态的超越性克服,除了在政治领域,它也在新教中被接纳:清教徒的人格就是被严格的理性主义所铸就的。

尽管理性主义在推进,但 17 世纪的宗教势力从来没有衰减,反而达到了欧洲历史上的高峰。它渗透得如此之深刻和全面,以至于天主教徒和新教徒的残暴厮杀旷日持久,救赎性的宗教之争却使欧洲血流成河,并使其版图被一再重绘。在 17 世纪,宗教的力量丝毫没有被削弱,只不过是,神学和哲学渐行渐远。尽管笛卡尔、斯宾诺莎和莱布尼兹仍旧将真理问题和上帝问题联系在一起,在他们看来,"对神的本质的认识构成知识的最高原理,其他一切确定性都要从这里演绎出来"①,人的理性不过是上帝理性的表现形式,上帝是最高理性的象征,是科学真

---

① 卡西尔:《启蒙哲学》,顾伟铭等译,山东人民出版社 1988 年版,第 154 页。

理的保证，但是，怀疑主义的潜流在 17 世纪日趋汹涌。在探究真理的时候，理性和哲学是基本的工具，神学在这个领域的功能在令人不安地消退。到了 18 世纪的启蒙时期，神学被撇置一边，上帝的知识基础性位置被动摇了："知识的各个领域——自然科学、历史、法、政治和艺术等，逐步摆脱了传统形而上学和神学的统治和监护。它们不再指望用上帝概念来为自己辩解，来证明自己的合法性，反而依据自己的具体形态决定了上帝概念。上帝概念和真理、道德以及法律概念之间的关系绝对没有被抛弃，但这种关系改变了方向，可以说发生了一种指示符号互换。……甚至 18 世纪的神学也受到这种趋势的影响。它放弃了自己先前享有的绝对优越性；它不再树立标准，而是服从于某些基本规范，这些规范出自另一源泉，理性作为独立的理智力量的集中体现为神学提供了这一源泉。"[①]

---

① 卡西尔：《启蒙哲学》，顾伟铭等译，山东人民出版社 1988 年版，第 154—155 页。

但是，神学和理性关系位置的颠倒，实际上还伴随着 18 世纪的理性对 17 世纪的理性的颠倒，牛顿和洛克的理性对笛卡尔和莱布尼兹的理性的颠倒。尽管 17 世纪的理性和 18 世纪的理性还存在共同点（这一点上，它们完全一致），"各式各样的形式被简化为状态和系列，历史被简化为事实，事物被简化为物质"[①]，理性的目的都是确立一种普遍科学，不过，它们的推论路径不一样：18 世纪的理性已经不再是笛卡尔意义上的理性了——理性的意义一直多种多样，而且在不同的历史时期不间断地分叉。18 世纪的理性是经验意义上的，它从牛顿物理学中吸取了灵感。牛顿模式和笛卡尔模式正好相反，在笛卡尔那里，理性是纯思维性的，是存在于头脑中的先在框架，各种要素性知识和现象都从这个框架中派生和演绎出来，并严格地服从于这个框架的规范，丝毫不能越雷池半步。因此，笛卡尔

---

① 霍克海默、阿道尔诺：《启蒙辩证法》，渠敬东、曹卫东译，上海人民出版社 2003 年版，第 4 页。

的理性是事先的、超验的,而且是确定无疑的。作为一个演绎性容器,它派生的知识必须跟它相关,必须在这个原初确定性编织的体系链条上找到自己的位置。 理性,就是一个具有严密体系的先在"公理"和法则。 它的基本线路是通过演绎的方式从一般推出特殊,从普遍公理推出具体事实。 这实际上是数学模式:"这些长长的链条是由非常简单容易的推理构成的,几何学家通常用它们达到极为困难的证明……一旦我们总能遵循从某物演绎他物所必需的规则,就没有什么得不到或者无法发现的东西。"[1]培根的观察和试验,洛克的感官主义,牛顿的从现象材料出发的物理学,这些17世纪的经验主义,都是对笛卡尔唯理论的反击。 尤其是洛克和牛顿,他们的方式构成了18世纪启蒙理性的重要内容。 牛顿首先碰到的是现象材料,他从特殊的经验出发,并对这些经验进行分析总结,再去寻找一般

---

[1] 约翰·科廷汉:《理性主义者》,江怡译,辽宁教育出版社1998年版,第38页。

原理。牛顿的目的本身就是寻找和发现自然界的规律,但这个规律不是先在的超出事实经验的假设,而恰恰要经过大量的对材料的观察、实验、分析而归纳出来。

牛顿的方式为18世纪的理性奠定了基础。理性就是去直面事实,在事实、材料和经验中去发现,它"是一种引导我们去发现真理、建立真理和确定真理的独创性的理智……整个18世纪就是在这种意义上来理解理性的,即不是把它看作知识、原理和真理的容器,而是把它视为一种能力,一种力量,这种能力和力量只有通过它的作用和效力才能充分理解"[①]。这显然是经验意义上的理性,理性被看作源自经验的发现真理的能力。既然从经验出发,那么,一切先在的理论假设就都会被质疑。这是怀疑和批判的理性,它只相信自己的认知经验,因此,未经证实的传统、习俗和权威,都受到了理性的考验和动

---

① 卡西尔:《启蒙哲学》,顾伟铭等译,山东人民出版社1988年版,第11页。

摇。这样的理性,除了被经验所贯穿外,还被赋予了果断、信心、勇气和批判的品质——经验性的质疑需要批判的勇气。用康德的话来说,就是"敢于认知"。正是在这样的批判和质疑的理性的意义上,康德才断言,启蒙是成熟的开端:"启蒙运动就是人类脱离自己所加于自己的不成熟状态。不成熟状态就是不经别人的引导,就对运用自己的理智无能为力。"不成熟,就是听命于权威的摆布和操纵,需要他人的引导,对先在的假设、教条和理论俯首称臣,一句话,就是没有批判性质疑的勇气和能力。反过来,成熟——这正是启蒙的特点——就是敢于认知,敢于摆脱权威的引导,并富有勇气地运用自己的理智。康德将摆脱权威、敢于认知的勇气,视为启蒙的品格。它的前提就是"必须永远有公开运用自己理性的自由",只有这样,才能带来启蒙,走向成熟。[①] 从这个意义上来说,

---

① 康德:《历史理性批判文集》,何兆武译,商务印书馆1990年版,第22—25页。

独立运用自己理性的启蒙,是人类进入成熟状态的开端。启蒙就是批判的时代,而启蒙时代的人因为具有这种批判的理性,因为对于权威和成见的怀疑,因为对经验的器重,同以前一切时代的人相比,都具有一种独一无二的气质。启蒙的这个特点,这种启蒙气质,被福柯看作是现代的,他从这一崭新的启蒙气质来理解现代性:现代性不是历史时段,而是人的气质、品格、态度,它是"一些人所做的自愿选择,一种思考和感觉的方式,一种行动、行为的方式。它既标志着属性也表现为一种使命,当然,它也有一点像希腊人叫作气质的东西"[①]。在这里,现代性同一种主体构型连接起来。现代性,在福柯这里,一旦摆脱了外在权威的导引,就变成了现代人主动的自我创造和发明的品格,一种类似于波德莱尔式的浪荡子的美学品格。和福柯稍稍不同,卡西尔不将现代性同美学气质结合起来,而

---

① 福柯:《福柯集》,上海远东出版社1998年版,第534页。

是同真理气质结合起来。但是,同福柯一样的是,卡西尔的现代人具有一种改变自己和批判自己的气质,卡西尔对此讲得更为具体:"现代人,启蒙时代的人……他必须而且应该拒绝来自上面的帮助;他必须自己闯出通往真理的道路,只有当他能凭借自己的努力赢得真理,确立真理,他才会占有真理。"①

敢于认知,如果说这是启蒙运动的气质的话,那么,带有这种气质的启蒙运动,其主要活动就是将这种不倦的批判性认知应用到各种先在的权威和偶像的去蔽方面。文艺复兴具备这种类型的气质,存在一种特殊的"文艺复兴时期的人",存在一种所谓的自主自足的"全才",但他们还是犹犹豫豫,并倾向于一种妥协和调停式的基督教人文主义。人文主义和基督教的独特调停,实际上是将基督教改造为"人性范围内的宗教","它没有以敌视或怀疑态度对待基督教

---

① 卡西尔:《启蒙哲学》,顾伟铭等译,山东人民出版社1988年版,第131页。

教义,而是企图这样来理解这种教义本身,即把它解释为一种新宗教观的表现"。这种新宗教的特征在于将基督人性化。"基督的人性成了世界的维系物,成了世界的内在统一性的最高证据。"① 与此不同,启蒙则表现出爱憎分明、充满决断的取舍精神:一方面是对权威和偶像的打击,另一方面是对试验和科学的热情;一方面是去除神话和魔法,另一方面是推崇知识和秩序;一方面是摆脱怯懦、奴役和恐惧,另一方面是增强勇气、信心和自主;一方面是放弃寂静、冥想和苦行,另一方面是激起争执、热情和乐观。18 世纪的启蒙思想——它是前两个世纪的知识性积累的一次火山式爆发——对旧的神圣世界的打击狂暴剧烈,对一个新的自主的理性世界充满了信心。二元世界超验的一面被铲平了,经验的生活世界获得了自身的热情。这是破坏性的创造,是一次涅槃式的再生。可以想象,首当

---

① 卡西尔:《启蒙哲学》,顾伟铭等译,山东人民出版社 1988 年版,第 133—134 页。

其冲的是，基督教作为魔法受到了史无前例的挖苦性讽刺，教会的所作所为被看作时代的丑事。伏尔泰——这位高尚的反基督者——耗尽毕生精力就是要消灭这些丑事，他执着地相信宗教是理性的障碍，对建立公正的社会秩序有百害而无一利。狄德罗也号召人们将上帝驱逐出境，从而回到自然，回到人性，回到自身。对基督教进行攻击，一定要对原罪感进行攻击，这种攻击势必将人从罪恶的负担中，从这种负担所导致的怯懦和紧张中解放出来。人应该充满欢乐，他的权利应该得到尊重，自由与平等理所当然地成为新律条。人一旦脱离了天启宗教，就会自己掌握自己的命运，就会在世俗生活中充满信心地掌舵。理性替代了天城，既成为人们追逐的目标，也成为人们凭借的手段。人们将目光从天国转移到地上，人们要做自然界的主人，于是，到处都遍布着对自然和科学的兴趣，一切都有待于试验，新的可能性源源不断，固有的成见和权威，被不断地置疑，不断地摧毁。这是试验、发现和创新的时代,这也是一个讲究算术、秩序和理性的时代。 人们置身于经验世界,但人们绝对还是要在经验中发现真理。 人们要像牛顿研究自然一样来研究人和社会。 就像自然有精确的规律一样,人和社会也应该有规范性的科学。 尽管是不断地经验性地试察,人们还是要在试察中获得普遍性。

这样,人也应存在一个不变的人性,也存在以这个人性为基础的共同的人类目标:基本的生理满足、美德、正义、幸福和自由。 为达此目标,"可以制定出一个合乎逻辑的、易于检验和证实的法律和通用规则的结构,以此取代无知、精神惰息、臆断、迷信、偏见、教条和幻觉所造成的混乱,尤其是人类统治者所坚持的'同利益有关的错误'"[①]。 同样,还存在有关社会的科学。 无论是人的科学还是社会的科学,人们既必须根据经验来摸索,也必须遵循基本的理性逻

---

① 以赛亚·伯林:《反潮流》,冯克利译,译林出版社2002年版,第1—2页。

辑，才能像牛顿那样发现其真理。

正是在这样的气候下，休谟宣称，人的科学是其他一切科学的基础。《人性论》就是以此信念为基础而产生的鸿篇巨制。在启蒙思想的评判下，人不再是堕落之人，不再是负疚的动物，他并没有什么先天的道德上的债务负担。天启宗教完全被抛弃在人的解释性范畴外。人性现在是由理性和自然这双重要素构成的。但是，对于休谟来说，人主要是由自然的欲望和冲动主宰的——这同霍布斯的观点并没有太大区别——人的行为基础正是这种冲动，它直接导致了人的趋利避害：快乐可以反复激发对行动的欲望，正如痛苦可以反复地激发对行动的厌恶一样。在人的行为中，自然情感，而非先在理性，始终是主导性的。休谟的独特之处在于从情感的角度来理解人和人性。道德也正是以此为基础的。而理性，在人的行动中，不过是行为去实现目的的手段。理性既不是行为的动机，也不是欲望和情感的主宰。相反，"理性是并且也应该是情感的奴隶,除了服务和服从情感之外,再也不能有任何其他的职务"①。 在休谟那里,理性和情感各司其职。 理性只是对真相的辨别,它被拒绝在伦理学的大门之外,它和道德无关,和善恶的区分无关。 道德问题不过是情感、意志、欲望等经验感受性问题。 善和恶正是自然欲望的产物,善同个别性的欲望需求相关。 并非像理性主义那样,存在一个独断而普遍的道德标准,存在一个永恒的具有普遍约束性的正义。 善之所以为善,就是因为其行为能够产生精神的愉悦和实际的效用,恶,则刚好相反。 道德,就是这样在具体的行为和背景中制定的,就此,休谟摧毁了理性主义的普遍主义道德观。

一旦从自然欲望的角度来测量人,一旦从功用和情感的角度来衡量道德,那么,将人性概念引入利益盘算的经济领域就不足为奇。 我们在这里碰到了亚当·斯密所称的经济人。 这个经

---

① 休谟:《人性论》下册,关文运译,商务印书馆1996年版,第453页。

济人的行为动机同休谟的原理一样是趋利避害的,他始终如一地充斥着改善自己的欲望。他的一切行为都是出于自爱和自利的目的:那些利他之物,实际上出自利己的目的。这是斯密的名言:"我们每天所需的食料和饮料,不是出自屠户、酿酒家和烙面师的恩惠,而是出自他们自利的打算。我们不说唤起他们利他心的话,而说唤起他们利己心的话。我们不说自己需要,而说对他们有利。"①这种自利的欲望,并非像霍布斯那样,同他人发生激烈的对抗性竞争。恰恰相反,这种自利的欲望可以促进整个社会的发展和进步。霍布斯原子式的个人,在自利欲望的驱动下,不可避免地要彼此发生猛烈的毁灭性碰撞。我们可以将这样的个人,看成损人利己之人。但是,斯密对自利欲望所产生的后果的估计要乐观得多:自利并不一定同他人利益和公共利益发生冲突,相反,它可以客观上促进他

---

① 亚当·斯密:《国民财富的性质和原因的研究》上卷,郭大力、王亚南译,商务印书馆1997年版,第14页。

人和社会的利益,这样的个人,通常是利己不损人的——尽管这原本非他所想。在这个意义上,自利既不野蛮,也绝非罪恶。正如上面引文所表明的,个人的逐利行为,实际上是在为他人服务的过程中实现的。个人绞尽脑汁的逐利,往往会超出他自己的预期,而意想不到地让他人、让整个社会受益,同社会的利益相协调。个人越是逐利,社会的公共利益就越是得到扩大。相反,一个不追逐私利的人,或者是一个声称为公众谋福利的人,才糟糕至极。个人利益和公共利益相协调,借助的是灵活市场这只"看不见的手",看不见的手在将个人利益最大化的同时,也服务于社会,增加国民的财富。

亚当·斯密将个人主义引入了经济领域。在这个领域里,国家不应该干预而应该放任个人的经济活动。个人应该有充分的经济活动自由,正是这种自由,促进了整个国家的福利和财富。就此,国家应该设置自身权力的限度,它只有在对外防卫的情况下,在对内保护个人的情况下，在提供公共服务和设施的情况下，才有其必要性。 对个人及其欲望的理解的不同，导致了对国家和政府的理解的不同：斯密的政府理想接近洛克，而不是霍布斯。 斯密认为，国家是服务性的而不是控制性的。 这不是一个无所不在的庞大的国家。 尽管洛克的财产权观念包含了经济自由的成分，但一个世纪后的斯密还是变动了洛克的自由主义的重心。 自由，从政治领域偏离到了经济领域。 在此，自由，就禀性而言，都表现为政府和个人的关系。 洛克和斯密都相信，政府不是干预性的，而是保护性的；政府权力不是无限的，而是有限的。 但对于他们而言，自由的领地重心不同，洛克的自由更多是在政治领域中发生，斯密的自由则更多是在市场中得到实践。 但是，显然，这种偏离并不意味政治自由和经济自由各行其道，相反，政治自由开始深深地烙上了经济自由的印记，它们之间建立了牢靠的完全不能分离的纽带。 现代资本主义制度，其自由，正是在政治、经济的双重意义上得到理解的。也可以说,市场式的经济资本主义和权利式的政治自由主义,在亚当·斯密这里得到了完整的综合性表述。洛克的"斯密式"转向,第一次成为现代资本主义制度的完整理论版本。

如果我们将理性看作对天启和权威的拒绝,那么在启蒙运动的旗帜上镌刻的就是理性。这样的理性是批判的理性。尽管经验主义和唯理主义在知识的起源上,在人性的确定上存在分歧,但二者共享这种反天启的理性观。尽管内部有各种各样的分歧,但作为一个运动的启蒙思想在针对上帝权威——准确地说是否定这种权威——这方面达成了一致:人并不是先天的堕落和有罪之人。启蒙思想将上帝清除出去。人、上帝和自然的三角关系,现在却变成了人和自然的二重关系。但是,人和自然这新的二重关系,在启蒙思想中并不统一。到底是用激情式的自然来测定人,还是用反激情的理性来测定人?一方面,培根和笛卡尔(以及唯理主义者）宣称要驾驭和改造自然，在此，自然是一个僵死机器，人站在了自然的对立面，人恰恰是以克服自然——无论是外在自然还是自身的自然——来树立自己的形象的。人在这里通常被看作理性的动物。但在另一方面，人恰恰被看作自然的一部分，人从属于自然，自然本性和自然权利——人的这些激情——决定了人的特征。霍布斯、洛克、休谟、亚当·斯密都从这个角度去理解人。但是，霍布斯式的这个从属于自然的人，这个为欲望所主宰的人，却是自私自利的、残暴的。同这两种传统都不一样的是，卢梭提出了一种新的自然人性观，这种人性就对天启和原罪的拒绝而言，是内在于启蒙传统的，但在某种意义上，又对启蒙传统构成了批判。那么，卢梭到底提出了一种什么样的新的人性观？他的政治思想又是如何奠定在这种人性观之上的？

在《社会契约论》的开篇，卢梭就宣称："人是生而自由的，却无往不在枷锁之中。自以为是其他一切的主人的人,反而比其他一切更是奴隶。"①卢梭就此展开了他关于人性和文明进展的叙事:自然人,或者说,处于自然状态的人,才能够体现人性。而"人性的首要法则,是要维护自己的生存,人性的首要关怀,是对于其自身所应有的关怀"②。自由就是这样一种人性的产物。也就是说,求得自我保存的自然人,其固有本性就是自由。这个自我保存的法则,同霍布斯的自然法则一样。但是,在霍布斯那里,人的自我保存法则,恰好导致了人和人之间的野蛮战争,而绝不是自由和平等,霍布斯相信,自然状态即战争状态。卢梭完全否定了这个观点。他的意思是,霍布斯的战争状态,根本就不是自然状态。所谓战争,实际上是对于物的争夺,战争关系就是物和物之间的关系,是个人固定财产权出现之后的关

---

① 卢梭:《社会契约论》,何兆武译,商务印书馆 1996 年版,第 8 页。
② 同上书,第 9 页。

系。也就是说，这个战争状态事实上是从人的社会性中推论出来的，处在战争状态的人，不是自然人，而是社会的构造物。而真正的自然状态中的人，他们是原始独立的，既不相互依靠，也没有固定财产，因此，他们"彼此之间绝不存在任何经常性的关系足以构成和平状态或者战争状态"①。从这个意义上来说，霍布斯所谓的战争性的自然状态毋宁说是一种社会状态。而卢梭的自然状态，从时间上来说，要早于霍布斯的社会性的战争状态。自然状态，在卢梭这里，仅仅意味着人的两种基本激情："保存自己的欲望和对自己的同类的苦难的某种同情或怜悯。这后一种激情阻止他当这样的人性还没有与他的自我保存相冲突时野蛮地对待其同类。"这样的自然人天性善良，他的一切所为都是兴之所至。由于他孤独一人，在浓密的森林中漫步，和别人没什么交往，也无伤害他

---

① 卢梭：《社会契约论》，何兆武译，商务印书馆1996年版，第17页。

人之心。由于他并没有私有财产,也就谈不上人和人之间的征服和奴役关系,谈不上他和别人之间的战争和统治。处于这样一种自然状态中的人,显然就是独立、平等和自由之人。这个自由之人,既是自保的,也是有同情心的,他迟钝无知,也单纯快乐。但这并不意味着他是动物,动物全靠本能行事,而自然人则有自主意识。此外,他和动物还存在的一个根本区别在于,他有巨大的潜能,有巨大的可塑性,他可以改善自己和完善自己。这个自然人的特征是:"他几乎没有属性,而纯粹是潜能,没有终结,而只有可能性。人没有任何限定,他是自由的动物。"[1]

人生而自由,就是在这个意义上得到理解的。但是,这个本来平等而自由的自然人,是因为什么而不平等和不自由了呢?是因为什么而置身于枷锁之中呢?卢梭分析了人类不平等

---

[1] 列奥·施特劳斯、约瑟夫·克罗波西编:《政治哲学史》下卷,李天然等译,河北人民出版社1993年版,第651页。

的起源,这就是文明社会的私有制。一个人随意圈了一块地——这块地原本不属于任何人——他说这块地是自己私有的,而别人居然相信他了。卢梭说,这个时候,就是文明社会的开端,其标志就是私有制的出现。正是私有制,引发了文明社会的谋杀、战争、罪行、不幸和恐怖。私有制的出现,使个人冲破了自身的封闭牢笼,而同他人发生了关系:人需要他人的帮助和合作,以维持财产的稳定性。正是在合作过程中,各种各样的针对他人的欲望和冲动被激发了。人本来是生活于自身内部,并保有一种安静的单纯品格,但现在,在私有制的策动下,他被各种各样的利益欲望所困扰,并为此同别人发生冲突性关系。"财产介入生活,劳动力成为需要。无垠的森林变成需用人们的汗水浇灌的宜人田野,人们看到奴役和苦难很快地发芽、生长和结果。"①竞争、敌对和不平等出现了。霍布

---

① 萨利·肖尔茨:《卢梭》,李中泽、贾安伦译,中华书局2002年版,第89页。

斯的战争关系,就是对私有制出现之后人们的社会关系的恰当表述,这是文明社会中的人际关系。只不过,他错误地将这种关系描述为人的自然状态。人从自然状态到文明社会的演进,无非是从纯洁到腐化的演进,从快乐幸福到痛苦可怜的演进。可以想象,当卢梭回答"科学和艺术的复兴是否有助于使风俗日趋淳朴"这样的问题的时候,他是如何作答的。

文明社会对自然而天真的东西进行摧毁,而不断地向腐化、堕落和冲突迈进;文明社会对自然的平等进行摧毁,而向财产私有制的不平等迈进;文明社会对自由加以摧毁,而向奴役和枷锁迈进。这是卢梭去蔽式的历史叙事。显然,卢梭对此不能无动于衷。人们应该认清文明社会的腐败性质。但抛弃社会组织,回到原初的孤独的自然状态显然是不可能的——人们必须在社会组织中抵御大自然不断加重的灾害和障碍,否则,孤独的个人终将遭遇灭顶之灾。这样,不应该抛弃社会组织,而应该创造一个新的平等而自由的社会,以取代那个不平等不自由的社会。这就是他雄心勃勃的总目标。针对文明社会的腐蚀,他提出了一系列的解决方案。首先是教育。可以通过教育,让人按照自然的规律——而不是人为的也就是文明的手段——来生活,这种教育,旨在重新拾回人失去的自然天性,并拒绝文明社会的腐蚀。《爱弥儿》开篇就写道:"出自造物主之手的东西,都是好的,而一到人的手里,就全变坏了。"更具体地说,这样的人"不愿意事物天然的那个样子,甚至对人也是如此,必须把人像练马场的马那样加以训练;必须把人像花园中的树木那样,照他喜爱的样子弄得歪歪扭扭"①。因此,卢梭式的教育就是一种矫正式的反人工的自然教育。这种自然教育,就是要让人遵循造物主的模式,而不是强制性地教育和改造人,不是生硬地将自然的东西"弄得歪歪扭扭"。人越是接近于他的自然状态,他离幸福

---

① 卢梭:《爱弥儿》上卷,李平沤译,商务印书馆 2011 年版,第 5 页。

就越近。"大自然总是向最好的方面去做的,所以它首先才这样安排人。"①因此,没有理由对孩子们施行过多的束缚,没有理由根除孩子们的自然天性,没有什么理由让孩子们远离自然。卢梭向人们呼吁:"紧紧占据着大自然在万物的秩序中给你安排的位置,没有任何力量能够使你脱离那个位置。"②这是自然教育的核心,也是卢梭的关键一步。

自然教育可以培养出好的公民。这些公民可以在自身内部栽种自由和平等的种子。但这只是达成一个平等社会的人性和道德基础,要组织一个自由而平等的社会,还需要一个良好的制度设计。卢梭所勾画的这个理想社会应该是这样的:"要找出一种结合的形式,使它能以全部共同的力量来卫护和保障每个结合者的人身和财富,并且由于这一结合而使每一个与全体相联合

---

① 卢梭:《爱弥儿》上卷,李平沤译,商务印书馆2011年版,第75页。

② 同上书,第79页。

的个人又只不过是服从自己本人,并且仍然像以往一样自由。"①这就是卢梭要解决的根本问题。 到底怎样结合? 一言以蔽之,就是:"每个结合者及其自身的一切权利全部都转让给整个的集体。"这样一种政治构造,其合法性何在? 这种结合在什么样的意义上是平等的? 这种结合在什么样的意义上又是自由的呢? 卢梭的解释是,既然每个人都将自己的全部奉献出来,那么他们的条件一样,大家都变成同类和平等之人。 同样,既然是转让全部权利,每个人都不会对这个集体有特殊的要求,其好斗式的自然欲望就根除了。 最后,既然是奉献给一个集体,这就意味着他没有奉献给任何一个个人,他虽然让渡了他的权利,但他也从整个集体中得到了同样的权利,因此他并没有丧失自由。 由于普遍意志就是他的意志,他并没有服从于他人,他还是服从于自己。 这就是这种社会公约的本质:

---

① 卢梭:《社会契约论》,何兆武译,商务印书馆 1996 年版,第 23 页。

"我们每个人都以其自身及其全部的力量共同置于公意的最高指导之下,并且我们在共同体中接纳每一个成员作为全体之不可分割的一部分。"①道德和集体的共同体代替了每个订约者的个人。"这一由全体个人所形成的公共人格,以前称为城邦,现在则称为共和国或政治体。"②在此,个人具有双重属性:既是作为一个整体的国家主权者,也是作为一个整体的国家的成员。个人的利益和国家的利益完全一致。由于主权者由个人组成,主权者不可能有同个人相反的利益;同样,为了保证契约的神圣性和权威性,所有的个人必须服从主权者,"任何人拒不服从公意的,全体就要迫使他服从公意"。由此还可以推论出来的是,主权者不是人民的代表,而是人民本身,或者说是人民的办事员,他只能听从人民而不能代表人民。这就同代议制

---

① 卢梭:《社会契约论》,何兆武译,商务印书馆 1996 年版,第 24—25 页。
② 同上书,第 25—26 页。

划清了界线。卢梭在这里实际上也否认了政府和人民之间的间隔,否认了一个中间层次的过渡性的市民社会。人民和主权者之间直接画上了等号。

这就是卢梭的政治构想。这个社会契约,就是卢梭理想的社会状态。我们看到,这个契约和洛克的契约一样,都源自霍布斯的契约论传统。卢梭对于霍布斯的偏离,同洛克对于霍布斯的偏离相比毫不逊色,但是,他们是沿着两条截然相反的线路偏离。霍布斯理论中的自由主义和反自由主义相交织的丰富性,使他被后来者各取所需。洛克继承了他的契约论传统,即个人被管理是基于个人的"同意"这一契约之上的,但将霍布斯绝对主义的一面抛弃了。洛克抛弃了那个无所不能的权威君主,认为个人不是将自己完全交付给一个贪婪而无所顾忌的狮子来管理,相反,政府的权力一再受到制约,它不是无所不在地凌驾于个人之上。卢梭同样继承了这个"同意"的契约论传统,但是,同洛克不一样的是,他甚至同意霍布斯的那种绝对主义,个人权利应全部交付给普遍意志,普遍意志丝毫不能被挑战,它必须得到完全服从。这个普遍意志,就其权威性和独断性而言,丝毫不亚于霍布斯的君主。但是,同霍布斯不一样的是,普遍意志毕竟不是绝对君主,绝对君主以一种强大的压力对个人意志形成制约,个人将权利转交给君主,但他并不能在君主那里发现自身,相反,他变得空空如也,而全凭君主的恩威。但普遍意志和个人的特殊意志能够完全融合,它甚至是个人意志的化身,个人意志要参与到普遍意志中,因此,服从普遍意志的个人并没有受到扭曲和挫折,在某种意义上,他也是在充满自由地服从个人自己,他自己在管理自己。在个人意志参与到普遍意志的过程中,出现了自由。这是积极的参与性自由。而霍布斯的个体则是依赖一个全能型的他人来管理,因此,这个个体是不自由的。如果说,霍布斯的绝对主义最终禁锢了自由的话,那么,卢梭的普遍意志则是在促进和激励自由。在不容置疑的绝对主义的意义上,普遍意志近似于君主,但就自身的构造性质和人格而言,就自身同他个人的关系而言,就自由的实践而言,普遍意志同绝对君主又截然不同。这是另一种绝对主义:在卢梭这里,自由和绝对主义并无冲突。而洛克提出的受到限制的政府正是对绝对主义的攻击,它不仅同霍布斯的君主相对,显然,它和卢梭的普遍意志也背道而驰。如果说普遍意志在积极地促进自由,那么,洛克的政府则让自己的管制权力受到限制,从而让个体有充分的自由。自由,在这里,是不受干预的自由,是免于外在权力管制的自由,是通过对绝对主义的抨击而获得的自由。对这样的自由,卢梭的普遍意志,毫无疑问变成了一场个人主义的巨大灾难。反过来,洛克提出的个人主义自由,对卢梭的普遍意志而言,同样是一场巨大的灾难。尽管同在霍布斯开创的契约论传统中,但洛克的个人自由和卢梭的普遍意志是如此针锋相对,以至于他们开启了两个完全对立的政制传统：洛克直接奠定了自由民主制，而卢梭，因为对马克思主义的影响，则绘制了共产主义的雏形。① 在法国大革命之后的 19 世纪，自由主义、社会主义和保守主义成为现代世界的三大比肩意识形态，一直持续到今天。

洛克政制的前提是对个人意志的尊重，政制是以自然权利和欲望为根基的。而卢梭政制的前提则是对公共意志的尊重，如果个人意志同公共意志发生冲突，则要对个人意志进行强迫，显然，个人意志和欲望是被排除在卢梭的政制合法性之外的。但是，为什么普遍意志是合法的？为什么普遍意志是善的？"回答是，它是善的乃是因为它是合理的，而它是合理的乃是因为它是普遍的；它是通过将特殊意志（这个意志就其自身而言并不是善的）普遍化而出现的……保证一个意志的善的仅仅是它的普遍性；没有必要诉诸任何实质的考虑（即考虑人的自然本性、它的自

---

① 列奥·施特劳斯：《现代性的三次浪潮》，丁耘译，载《学术思想评论》第六辑，贺照田编，吉林人民出版社 2002 年版，第 101 页。

然完善状态者所需者为何)。"①实际上,卢梭并不是没有考虑到人的自然本性,只是他的自然本性不是霍布斯的本性。霍布斯的欲望本性,对卢梭来说,恰恰是私有制出现之后的社会性。也就是说,政制并不考虑霍布斯式的自然欲望,由于这种欲望和私有制的出现密不可分,所以,消除私有制就连带会消灭这种贪婪的欲望。普遍意志正是要埋葬私有制,埋葬个人意志,埋葬霍布斯式的欲望,最终,它不可避免地要埋葬霍布斯和洛克的政制奠基原理。这是向卢梭式的自然的回归。在卢梭这里,自然和自由融为一体,它们的初始情景恰好是私有制诞生之前的公共性,因此,废除私有制,根除霍布斯式的欲望,恢复一种原初的普遍性和公共性,这就是卢梭的任务,这同样是在自然——只不过是不同于霍布斯的自然——上面奠定自己的政制理想。

---

① 列奥·施特劳斯:《现代性的三次浪潮》,丁耘译,载《学术思想评论》第六辑,贺照田编,吉林人民出版社 2002 年版,第 95 页。

如果从政治哲学的角度将现代性的第一次浪潮放置在马基雅维里、霍布斯和洛克那里（其标志性特征是政制从人的自然欲望出发），那么，列奥·施特劳斯相信，第二次浪潮就在卢梭这里（政制从另一种自然出发），正是对自然的不同理解，导致了两种完全相反的政制构想。卢梭在洛克—亚当·斯密之外，开辟了不同于个人主义的另一个政治想象——一个普遍主义的政治想象，而法国大革命则将这种想象变成了血淋淋的具体现实。

四

工业主义和民族-国家

卢梭返回自然的呼声的一个背景是，城市和工业在这个时代得到了很快的发展。工业主义在对自然的摧毁和控制的能力上迈出了关键步伐。技术开始展现出肆虐自然的一面，可以将卢梭的浪漫主义感慨视作对新起的工业主义大都市风暴的反应。在卢梭的时代，现代的伦敦和巴黎逐渐形成。现代大都市同样拜工业主义所赐。18世纪下半期，工业在英国猛然加速，以至于它变成了一场暴风雨式的革命。工业革命对现代性进程的促进作用是决定性的。没有工业化，现代化就没法想象。它使现代社会在物质的层面上根本性地形成:"不论怎么估计,工业革命都可能是自农业和城市发明以来,世界历史上最重要的事件。"[①]这是堪与"新石器革命相媲美的一次跳跃"[②],而且比新石器革命的影响更为深远。 新石器技术是一次伟大的农业革命,它促成了农业社会,但发生在 18 世纪的工业革命则使这个社会趋向瓦解,一个现代社会得以形成。 在 19 世纪,一组鲜明的而且日益频繁的物质意象编织了新的地理版图:厂房、轰隆隆的蒸汽机、耸立的烟囱、密集的工人生活聚集区和缓缓爬动的火车。 这些物质意象是一个综合性的相互关联的巨大工业机器,它们使本来相对寂静的农业社会变得轰鸣作响,躁动不安。 工业主义,在机器的驱动下,形成了一套强大的技术逻辑,它将整个社会的节奏和秩序纳入其统治

[①] 霍布斯鲍姆:《革命的年代》,王章辉等译,江苏人民出版社 1999 年版,第 35 页。
[②] 克瑞珊·库玛:《现代化与工业化》,陈永国译,载《现代性基本读本》,汪民安、陈永国、张云鹏主编,河南大学出版社 2005 年版,第 490 页。

之下。按照涂尔干的说法，工业主义——而非资本主义——引发的复杂的劳动分工，锻造了现代社会的秩序。现代性，通过工业主义不仅找到了其物资-技术主义的表达，同时还找到了某种社会形式的表达。商品生产、流通和消费，资本主义社会特有的这些经济活动形式，也正是借助于工业主义的逻辑得以加速展开。从这个角度来说，工业主义指的是机器化技术和工厂生产，但是，它还包括这种技术和工厂生产所带来的一系列社会组织效应，即，工业主义还直接打上了非技术性的社会烙印。

吉登斯将工业主义界定为如下的制度：无生命物质能源在生产和流通商品的过程中的运用，如蒸汽动力、电力等的运用；生产和其他经济过程的机械化（这些生产机器尽管存在自动化的程度，但还是为人力所操纵或管理），是人力和机器的组合；工业主义还意味着制造业的普遍推广，在这种制造业的推广过程中出现了产品的生产流程；生产流程一旦被制度化，就会出现集中性的生产地点,即工厂。这是早期工业主义的特点。一旦将这种种工业主义的特性组合起来,就会出现一个独特的但确是"统一的'生产组合',这种'生产组合'带来了新的经济机会,而且人们也看到它本身就处于不断扩张的资本主义企业的架构之中"[1]。这意味着,工业主义和资本主义有密切的联系。在马克思那里,劳动力商品化是资本主义诞生的基础性前提,但这同样也是工业主义的条件。因为,大量的被雇佣的劳动力,可以被雇佣者组织起来,并同机器相结合,从而使流水线性的制造业得以实现。流水线上需要一排排劳动者,他们挥动的手臂必须同机器的节奏相吻合。这样一个新的场面,马克思引用尤尔的话说得十分清晰:"在这些大工场里,仁慈的蒸汽力量把无数臣民聚集在自己的周围。"整个工厂就是一个庞大的自动机器,

---

[1] 吉登斯:《民族-国家与暴力》,胡宗泽、赵力涛译,三联书店 1998 年版,第 172—174 页。

工人来服侍这个机器。① 卢卡奇用马克思主义的语言，试图将这种机器工厂现象所产生的后果和盘托出，人"是被结合到一个机械体系中的一个机械部分……无论他是否乐意，他都必须服从它的规律"，"存在着一种不断地向着高度理性发展、逐步地清除工人在特性、人性和个人性格上的倾向"。② 工人不过是完成一个固定的机器化动作，和最终产品并无接触。而这，使他们的劳动可以被完全地量化。这种清除了人格的物化生产，终将使工人的意识也逐渐被物化。

工人仰仗机器，但也需要一定规模的协作。没有这些被剥夺的不得不被商品化的劳动者，就很难出现人和机器交织在一起的工厂和车间。"农民从农业生产的固定地块上解放出来并向工资劳动者转变的过程，同时就是他们从散布于孤立、地方化的社区中解脱出来的过程，作为新兴

---

① 马克思：《资本论》，人民出版社 1999 年版，第 460 页。
② 卢卡奇：《历史和阶级意识》，张西平译，重庆出版社 1989 年版，第 97—99 页。

的流动者,他们可以聚集在更为集中化的场所,靠机械化的制造业来进行生产。"①机器和协作,这是工业主义催生出来的最直接的两个现象。协作,必须要让固定而安静的劳动者流动起来,进行规模化的聚集和组合。因此,工业机器,它内在地要求一个开放和流动的社会,正是这种流动性,使工业社会淘汰和引进的双重车轮一刻不停。存在各式各样的流动性,既有从乡村到城市的流动,也有从城市到城市的流动,还有城市内部的流动。工业主义让原来安静的农业社会充满动感——这也是我们一再说的现代性的变幻。19世纪的交通技术的改善,尤其是铁路的发明——这本身也仰仗工业技术的进步——使这种流动的速度加剧,范围扩大。同时,工业技术本身也在不断变化,这就要求工人不断地参加培训从而适应这些变化,以免被机器的进步所抛弃。为了应付这种变动造成的不安

---

① 吉登斯:《民族-国家与暴力》,胡宗泽、赵力涛译,三联书店1998年版,第179—180页。

定感，人们的职业、技能、角色和身份也在不断发生妥协性变动，工业主义会带来巨大的莫测感和幻灭感——没有一劳永逸的技能和职业，这让人们不停地奔波和焦虑。为此，教育被置放在一个关键性位置上，它力图让人们掌握工业主义所需要的各项技能。"工业社会将提高所有民众的总的教育水平，这不仅因为它为劳动力的培训和劳动力的灵活性创造了条件，同时也因为民众收入的增长和自然的好奇心的增长激发了他们对正式教育的要求。在一个技术性的世界中，教育成了向上的社会移动的一个主要途径。"[1]

工业主义的机器性质，使其生产过程不可避免地打上了非人化的制度烙印。工业主义催生了一套制度之网，规模性的企业生产必须在严密而精巧的制度下进行，它需要管理者和被管理者，需要纪律和惩罚机制，需要量化和严格的时

---

[1] 克拉克·科尔等：《工业主义的逻辑》，黄晓武译，载《现代性基本读本》，汪民安、陈永国、张云鹏主编，河南大学出版社2005年版，第514—515页。

间表，这些制度和规章成为所有员工的魔法。在对这一点的发现和认可上，傅立叶、马克思、福柯表现出了惊人的相似性。傅立叶说："工厂是温和的监狱。"马克思接着解释说："工人在技术上服从劳动资料的划一运动以及由各种年龄的男女个体组成的劳动体的特殊构成，创造了一种兵营式的纪律。这种纪律发展成为完整的工厂制度，并且使前面提到的监督劳动得到充分发展，同时使那种把工人划分为劳工和监工，划分为普通工业士兵和工业军士的现象得到充分发展。"[①]而福柯则更进一步，他既将工厂看成监狱，也把监狱看成工厂。监狱不过是工厂和兵营的强化形式，但这个工厂式的监狱，不是在生产工业产品，而是在生产罪犯-工人。事实上，这种规训式的工厂-监狱已经密布在整个社会的肌体之中，以至于一个连贯的不间断的监狱群岛在欧洲得以形成。

---

① 马克思：《资本论》，人民出版社1999年版，第464页。

这种协作式的组织化的机器工厂，给传统的家庭模式——无论是经济模式还是伦理模式——带来了致命的打击。前工业社会的家庭，是基本的生产单位，它们是封闭性的，所有家庭成员团结协作，共同耕作，毫无缝隙。它们编织一个圆满、自主、牢靠而稳定的基本经济组织。家庭成员自动地融合于这个内聚的组织中。但工业主义打破了这种封闭的家庭，其土地被征用和剥夺——马克思描述过这个残暴的过程，家庭成员要么一无所有，要么背井离乡，不得不在城市中变成工厂雇佣工人，"家庭生计即刻依赖于外在的结构和过程。它依赖于家庭成员的工作和工资，而工作和工资则深受家庭几乎无法拥有、更无法控制的力量的影响"[①]。家庭不再是一个集体性的经济单位，不再是生产和谋生之所在，它反而变成了工作之外的一个私人领域，它

---

① 克瑞珊·库玛：《现代化与工业化》，陈永国译，载《现代性基本读本》，汪民安、陈永国、张云鹏主编，河南大学出版社2005年版，第500页。

的传统意义、功能和价值都退缩了,同时,家庭的规模也一步步地缩小了。家庭成员的习性和身份认同,以前是根据血缘关系和家庭氛围获取定义,现在,它们在社会空间中,在职业的选择中,在工业机器控制的节奏中,被塑造成形。

历史上的工业主义和资本主义密切相关。韦伯和马克思都相信,工业主义是资本主义的产物,资本主义被强烈的增殖冲动所驱使,结果就是不断地刺激生产技术的改进,"狂热地追求发明创新",此时此刻,"技术创新和经济行动中对利润的追求开始合流"。①"工业生产和与之相关的持续不断的技术革命创造了效率更高和更为廉价的生产过程。劳动力的商品化是资本主义和工业主义之间的一个特别重要的连接点,因为它使得'抽象劳动'得以直接列入生产的技术设计之中。"②在19世纪,工业主义和资本主义

---

① 吉登斯:《民族-国家与暴力》,胡宗泽、赵力涛译,三联书店1998年版,第161页。
② 吉登斯:《现代性的后果》,田禾译,译林出版社2000年版,第54页。

就到了相互利用的历史阶段,它的第一个巅峰出现在英国,在那里,资本主义正是因工业革命的车轮而如虎添翼。铁路的修建,纺织业的机械化,"使得英国资本货物工业成为资本主义扩张过程中一台自治的、强大的机器"①。资本主义和工业主义,它们一道构成现代性的不同维度。资本主义和工业主义都是对生产体系的描绘,但资本主义最初描写的是这个体系中的个人主义合法的私利追逐、商品市场的自由竞争、四处流动的旨在自我增殖的资本,以及资本家和雇佣工人之间的阶级对抗,等等;而工业主义则强调这个体系中的生产过程和技术手段,机器成为决定性的手段,它是"对物质世界的非生命资源的利用"②。工业主义,使得我们居住在一个人造环境中。尽管在历史上,工业主义首次和资本主义自然地结盟,但它并不先天性地依赖于某个意

---

① 杰奥瓦尼·阿瑞基:《漫长的 20 世纪》,姚乃强、严维明、韩振荣译,江苏人民出版社 2001 年版,第 192 页。
② 吉登斯:《现代性的后果》,田禾译,译林出版社 2000 年版,第 49 页。

识形态政体。工业主义既可以创造出同资本主义相结合的逻辑,也可以创造出同社会主义相结合的逻辑——不同的社会制度、不同的群体和不同的个人都可以利用工业主义的技术。正如资本主义的生产特性内在地要求一种社会秩序一样,工业主义同样内在地要求一种社会秩序,它们的内容并非完全重合,但是,可以确定的是,工业主义的机器特性,和资本主义的商品特性一样,也促使传统社会向现代社会不可逆地转变。于是,现代性的制度维度就既包括工业主义,又包括资本主义。在19世纪,工业资本主义被铸造而成,并且高歌凯进。它差不多是现代性在技术-物质层面上的全部内容。

工业主义的种种特性,按照盖尔纳的观点,还内在地促使了民族主义的形成。民族主义同样诞生在传统社会向现代社会转变的过程中。它和工业主义、资本主义难解难分。民族主义的起源,其背景非常复杂,但它无疑是现代性的一个标志性事件。可以说,现代性各个层面的展开过程,同时也是民族主义的形成过程。盖尔纳研究了工业主义和民族主义的关系,在他看来,"向工业主义过渡的时期,也必然是一个民族主义的时期"[①],因为工业主义促使了农业社会组织的一系列瓦解,而农业社会的特性不利于民族主义原则的产生。在农业社会里,各个组成单元基本上是封闭性的,这些单元各有秩序、意义、目的和等级。这些彼此相异的单元很难寻找到共同性和普遍性,而且也没有动力去寻找这种普遍性和同质性。重要的是,这些单元的生产是内部再生产性的,它们是在内部培养自己的年轻人,而不依赖什么教育专家。这样封闭的单元中的婴儿,一旦出生,就会马上按照内部的固有手段,被"培养成与上一代相似的成年人。社会及其文化就是用这种方式使自己永存"[②]。这种封闭而内敛的再生产机制,不可能

---

① 厄内斯特·盖尔纳:《民族与民族主义》,韩红译,中央编译出版社 2002 年版,第 53 页。
② 同上书,第 40 页。

使传统的农业社会的各个单元冲破自己的疆域而组成一个同一文化的民族主义共同体。

但是,工业主义的内在要求打破了这个封闭的单元及其恒久的再生产机制。工业主义主宰的社会是一个永恒增长、不断进步和发展的社会——这恰好同稳定的常态的传统农业社会形成对比。变化和进步着的社会,要求其中的人物具有新的角色和功能来适应它,要求他们具有可变性和可塑性。新型的劳动分工出现了,而且它在不断地变化。变动着的工业社会使流动性成为必然,人们不可能终生待在同一个位置上,不可能被束缚在一个僵化的秩序中,一个家族也不可能世代不变。流动性不断地使等级秩序和障碍消失,使那种固有的神圣性消失,而这则促成了平均主义的出现。同时,社会分工需要技术上的专业能力,这种能力仰仗于基础性教育,即那种一般性、基础性、标准化和普及化的教育。这种普及性教育是日后在社会分工中所需的专业技术的必要通途。这种基础性教育,只有地方性单元的外部才能提供,准确地说,"只有某种类似现代'国家'教育体制的东西,某种金字塔式的体制才能做到,它的底层是小学"。基础教育能让人们识字,具备一定的技术能力,它可以使陌生人之间"持续、经常和直接地进行交流,共享一种标准的习惯用语和必要时用书面形式传递的精确意思"①。这就需要一个庞大的教育机器,这个机器使得传统社会中对文字和书写进行垄断的特权阶层消失了,人们都开始接受教育,这些受过教育的人在功能上可以相互替代。而导致这一切的教育形式——这种教育本身又起源于工业主义——对于民族主义的起源而言,意义何在?

"对于大多数人来说,个人的可雇佣性、尊严、安全感和自尊取决于他们所接受的教育,他们在其中受教育的文化范围,也就是他们在道德和职业方面赖以生存的范围。人类所受的

---

① 厄内斯特·盖尔纳:《民族与民族主义》,韩红译,中央编译出版社 2002 年版,第 45—46 页。

教育是他们最宝贵的投资,它实际上给了他名分。 现代人无论如何用不着效忠某位君主,忠实于土地或者信仰,他要忠实的是一种文化。"① 只有共同沐浴在这种文化中,社会的成员才能呼吸、交流和生产。 由于这种共同的文化,他和更广泛的无个性特征的文化社群存在紧密的联系。 这种标准化的、普及性的同时又是必需的基础教育,架构庞大,组织复杂,唯有国家才能开展。 此外,它花费高昂,唯有国家才能承受。 村舍和氏族式的封闭教育,已经远逝了。 国家终于同教育,或者更广泛地说,同文化紧密地不可分地联系在一起,"这就是民族主义的内容,就是为什么我们生活在一个民族主义时代的原因"②。 民族主义的定义,"是为使文化和政体一致,努力让文化拥有自己的政治屋顶"③。

---

① 厄内斯特·盖尔纳:《民族与民族主义》,韩红译,中央编译出版社 2002 年版,第 48 页。
② 同上书,第 51 页。
③ 同上书,第 57—58 页。

由于工业主义的内在流动性而产生的分工要求，使普及性教育——其特征是能相互交流的语言和文化——变得不可或缺，而教育的保证仰赖国家。这样一个工业主义—文化教育—国家的逻辑过程，其终点便是民族主义。这就是说，同质性的文化是通过国家，并且在国家内部被把存着。从这个角度来说，民族主义是历史的产物，是被建构而成的，而非人的内在本性使然。社会的现代性过程，促使了民族主义的出现。

盖尔纳从经济（工业主义）的角度解释了民族主义和现代性的关系。本尼迪克特·安德森则从文化体系的角度对此做了解释。在安德森看来，民族主义源自两股力量的彼此消长。一方面是某类旧体系的退场，另一方面是某类新体系的出现。旧体系消极地妨碍着民族主义的诞生，其退场使民族主义的障碍消失了。但是，没有新体系，民族主义绝不会自动登场——新体系积极地促使了民族主义的出现。民族主义就产生于18世纪新旧两种体系的历史兴衰中。这个兴衰过程,同时也是现代性的过程。 具体地说,衰退的两个旧体系——文化体系——便是宗教共同体和王朝。

安德森将民族看作一个"想象的共同体"。古老的宗教共同体同样是一种想象的共同体,但它们并不形成民族的概念。 包括基督教共同体、伊斯兰教共同体、佛教共同体等在内的宗教共同体,它们得以形成的前提条件,就是神圣的语言和书写文字的媒介。 同一个宗教内部的信徒彼此并不认识,但由于享有共同的文字,他们可以相互理解,构成一个符号语言共同体。 但这类古老的共同体和民族共同体存在关键的差别,这就是:"较古老的共同体对他们语言的独特性的神圣性深具信心,而这种自信则塑造了他们关于共同体成员的一些看法。"[①]不过,在这些共同体中,识字的文人不过是少数,这些文人"处在一个以神为顶点的宇宙秩序中,他们构成

---

① 本尼迪克特·安德森:《想象的共同体》,吴叡人译,上海人民出版社 2003 年版,第 15 页。

一个具有战略性地位的阶层"①。 就基督教而言,这些文人横跨欧洲,他们书写拉丁文,并将方言和拉丁文连接起来,在这个意义上,他们也将尘世和天堂连接起来。 尘世、文人和天堂在此是一个纵向的连接。 这个关联性共同体,是一个通过知识阶层的语言能力而连接起来的纵向共同体。 高高在上的神一统地面的俗界。 但从中世纪后期开始出现的种种因素,使得这个纵向共同体的整合性衰退了。 安德森着重强调了其中两种因素:对欧洲以外的世界的探险,扩大了欧洲人的视野,让他们发现了多样的生活可能性,而这直接让基督教的统一体变得相对化了;同时,神圣语言本身的地位也逐渐式微。 在 16、17 世纪之后,拉丁文的霸权地位倒塌了,它不再是全欧洲上层阶级的特权语言。 拉丁文的式微,意味着以它为媒介的基督教统一体的式微和衰败。

---

① 本尼迪克特·安德森:《想象的共同体》,吴叡人译,上海人民出版社 2003 年版,第 17 页。

同宗教共同体一样,另一个旧文化体系,君主制的王朝也在衰落。"王权把所有事物环绕在一个至高的中心四周,并将他们组织起来。它的合法性源于神授,而非民众——毕竟,民众只是臣民,不是公民。"①这些君主制国家,其整合方式仍然是纵向的,君主通过彼此联姻的方式,加强了整合。在此,"人的效忠必须是层级而向心的"②。但君主制王朝的衰落,从17世纪就开始了,到法国大革命趋向高潮,君主制的正当性和合法性由此变得非常牵强。不过,王朝和宗教共同体的衰落,并不意味着民族这个共同体就自动出现,并取而代之。旧文化体系的衰退,对于人们理解世界的方式产生了根本的影响。正是这种对世界的新理解,才可能导致民族观念的出现。这种新的理解世界的方式,即一种新的时间观。新的时间观,是本雅明所说

---

① 本尼迪克特·安德森:《想象的共同体》,吴叡人译,上海人民出版社2003年版,第21页。
② 同上书,第36页。

的同时性的时间观,"一种过去和未来汇聚于瞬息即逝的现在的同时性"①。这种"现在的同时性"是横向的,与时间相交错。它意味着,事或者人,按照时钟和日历的共同标准,具有一种时间的一致性。这就是说,现在,人们是按照共同的时历标准,来判断他人和事件与自己的同时性。这种横向的同时性,对应于宗教共同体中的时间观——在这种时间观中,宇宙和历史、世界和人类并没有区分。这种时间观也具有同时性,但这种同时性是纵向的,是与时间并进——而非交错——的同时性,是与时历无关的同时性。这种同时性的关联并非因果关联,也并非逻辑链条上的关联,而是预兆性和启示性的关联:不同的事件只有垂直地而且并非交织性地联系到神谕,才可能有同时性的关联。神谕是所有关联的基础。这种时间观的同时性,是纵向隐喻性的。它对应于现代时间观的横向换喻

---

① 本尼迪克特·安德森:《想象的共同体》,吴叡人译,上海人民出版社 2003 年版,第 23 页。

性。如同纵向的时间观必然指向上天的神的一统性一样,现代的时间观,"恰恰是民族这一理念的准确的类比,因为民族也是被设想成一个在历史中稳定地向下(或向上)运动的坚实的共同体。一个美国人终其一生至多不过能碰上或认识他 2.4 亿多美国同胞中的一小部分人罢了。他也不知道在任何特定的时点上这些同胞究竟在干什么。然而对于他们稳定的、匿名的和同时进行的活动,他却抱有完全的信心"[①]。

"垂直-纵向"式的宗教共同体的衰落,王朝的衰落,以及神谕式时间观的衰落,使得宇宙论和历史被划出了裂痕,形成"横向-水平"式的民族主义的障碍消除了。而印刷资本主义的出现,则决定性地形成了这一观念。安德森发现,16 世纪初期的出版业极其发达,它是资本主义的一个伟大产业,其利润本能要求它尽可能多地吸引读者。当时的情况是,拉丁文的使用

---

① 本尼迪克特·安德森:《想象的共同体》,吴叡人译,上海人民出版社 2003 年版,第 27 页。

者为数甚少,拉丁文书籍市场很容易饱和(仅150年的时间就饱和了),资本主义出版业要想扩大市场,只有设法将潜在的不懂拉丁文的更为广泛的方言读者作为对象。于是,印刷资本主义发动了一场方言革命的冲刺运动,并借助三个历史事件获得了它的满足。这三个历史事件是:拉丁文自身在人文主义者的改造下变得神秘化了;在新教改革中,路德的新教同印刷资本主义相结合,新教的宣传和出版充分运用了非拉丁文的方言,并创造和影响了一大批不懂拉丁文的读者;一些专制君主将方言作为行政工具并使之缓慢地具有一定地理特征地扩散。这一切都促使了拉丁文地位的衰落。但一个新的横向共同体的形成,"是生产体系和生产关系(资本主义)、传播科技(印刷品)和人类语言宿命的多样性这三个因素之间半偶然的,但又富有爆炸性的相互作用"[1]。具体地说,资本主义,按照逐

---

[1] 本尼迪克特·安德森:《想象的共同体》,吴叡人译,上海人民出版社2003年版,第51页。

利的市场本能，竭尽全力地创造了一种可供交流和传播的印刷语言，这种印刷语言是一种非拉丁文的方言，但又是对不同方言口语的抽象——正是这种抽象，才使通过方言口语难以交流的人们变得可以交流。在各自对这同一种印刷方言的消费中，人们能够感觉到和想象到尽管互不相识但数目庞大的"阅读同胞"和自己一起存在着，这些隐匿的未知的"阅读同胞"和自己一起分享这些印刷物，一起从属于这种印刷语言的领域，并有一种心理上的关联和理解。这就是民族想象共同体的胚胎。民族之所以是一个"想象"的共同体，就是因为自己和他人的关联是被想象出来的。对于这些民族成员而言，他们尽管互不相识，"然而，他们相互连接的意象却活在每一位成员的心中"[1]。此外，这种印刷资本主义还创造了语言的固定性，印刷书籍及其语言可以长久地穿越时空，从而应对和抵制方言口语的流

---

[1] 本尼迪克特·安德森：《想象的共同体》，吴叡人译，上海人民出版社2003年版，第6页。

变性和可逝性。固定的语言可以塑造稳定的"主观的民族理念"。印刷资本主义创造了固定的方言，同时也创造了一个有限度和疆域的政治边界。所有这些条件，就为现代民族和民族-国家搭好了舞台。这就是安德森对民族的定义："它是一种想象的政治共同体——并且，它是被想象为本质上有限的，同时也享有主权的共同体。"①

在安德森这里，民族主义同样是历史的偶然发明，而不是深藏于人的内心世界。这种建构主义的观点和盖尔纳完全一致。如果将盖尔纳和安德森综合起来，我们发现，尽管通往文化认同的路线不一样，但共同体内的文化认同是民族主义的基本前提。这个民族主义的形成过程，就是现代性的过程。或者说，民族就是现代性的构成部分。民族观念的逐渐形成是对18世纪社会现代性的反应，反过来，民族观念也"决定

---

① 本尼迪克特·安德森：《想象的共同体》，吴叡人译，上海人民出版社2003年版，第5页。

性地使那些它赖以产生的政治、文化和社会结构发生了现代化转型"。除了工业主义和印刷资本主义——物质化的现代性过程——促使了民族主义的形成外,观念和政治实践同样可能促使民族主义的形成。汉斯·科恩认为,启蒙运动中自由主义的个人观念促使了民族的形成,因为启蒙运动中兴起的个人主义观念,尽管一方面使个人获得了解放,但另一方面,因为每个个人都有自己迥然不同的理想,这种个体差异性使整合的力量变得脆弱,社会解体的危险时时存在,所以,"对日趋衰落的神圣权威的依恋激发了对一个基于个人自治的自由新秩序的搜寻"。也就是说,回到先前的神圣秩序是不可能的,但可以找到一个新替代物,使自治的个体能维持一种整合感,这个新的整合性替代品就是民族。民族和民族-国家就是对于现代性过程中宗教一统性分裂后的认同补偿。卢梭的理论就此应运而生,普遍意志和民族-国家可以进行新的整合。法国大革命实践了卢梭的理论,并在民族主义的光芒中爆发。大革命的法国提供了民族主义的伟大榜样。民族-国家的观念——"独立主权国家和公民的概念,宪法的起草,一个现代民族-国家的爱国仪式,普遍征兵制的实行,国家教育的建立和国家宣传的繁盛"——借助法国大革命传遍了欧洲。① 法国大革命像一个巨大的旋涡将这片领土吸附成一个民族-国家,同样,对拿破仑的抵抗战争从反面塑造了战争双方的民族主义。在对拿破仑的抵抗中,各个国家强烈的民族意识都被激起了,启蒙运动宣传的普世主义,在拿破仑发动的战争中,受到了民族主义的强烈冲击。费希特关于德意志民族的演讲,奠定了早期民族主义的思想纲领。

---

① 陈恒编:《历史与当下》第二辑,上海三联书店 2005 年版,第 21—24 页。

五
现代性的冲突

如果说，16—18世纪是现代性的第一个阶段的话，那么，发端于18世纪末期的法国大革命和英国工业革命则差不多奠定了第二个阶段高度成熟的现代性。这也是一个确定的现代性，它由双元革命这两架车轮滚动而成。双元革命奠定了对旧世界的胜利。"这不仅仅是工业本身的巨大胜利，而且是资本主义工业的巨大胜利；不仅仅是一般意义上的自由和平等的巨大胜利，而且是中产阶级或资产阶级自由社会的巨大胜利；不仅仅是'现代经济'或'现代国家'的胜利，而且是世界上某个特定地域（欧洲部分地区和北美少数地方)内的经济和国家的巨大胜利。"①现代性就在这种双重革命中寻找到了它的政治和经济的双重意义:自由民主政治和自由市场经济。 如果说19世纪的欧洲是一个彻底与旧制度决裂的现代世界,那么,这个现代世界的经济基础是英国工业革命,而它的政治和意识形态基础则是法国革命。

法国革命的根源千头万绪,但是有一点可以肯定——它是启蒙思想的产物。 不过,除卢梭之外的大部分启蒙思想家并没有推翻君主制的意图,而且也多半蔑视民主。 但法国大革命以暴风骤雨的方式猛烈袭来,它横扫了欧洲的旧制度:不仅仅横扫了先前的政治机构,还摧毁了先前的民事机构;不仅仅改变了法律,还改变了习俗;不仅仅是政治和宗教领域的大革命,还是社会生活基础的大革命。 旧制度不是一个单纯的制度,而是将所有的社会细碎痕迹都包裹进来,

---

① 霍布斯鲍姆:《革命的年代》,王章辉等译,江苏人民出版社1999年版,第2页。

从而形成一个诸多器官相连的有机整体。因此,对旧制度的摧毁,就是对旧制度中的一切,对这个器官有机体进行摧毁,只有那些同旧制度格格不入的东西才幸存下来。这场革命"通过一番痉挛式的痛苦努力,直截了当,大刀阔斧,毫无顾忌地突然间便完成了需要自身一点一滴地、长时间才能成就的事业",其最终的"效果就是摧毁若干世纪以来绝对统治欧洲大部分人民的、通常被称为封建制的那些政治制度,代之以更一致、更简单、以人人地位平等为基础的社会政治秩序"。① 也就是说,大革命之前的君主制下的个人是不平等的,他们不过是在一个有机体式的等级社会中占据着不同位置的一员,这些人在这些位置上各司其职。现在,这个不平等不自由的等级社会被推翻了。

大革命一波三折,惊心动魄,它使整个欧洲陷入了巨大的动荡和震惊之中。温和的吉伦特

---

① 托克维尔:《旧制度与大革命》,冯棠译,商务印书馆1987年版,第59—60页。

派、激进的雅各宾派和独裁的拿破仑轮番登场。这已经不是法国内部的革命了，而是整个欧洲的革命，拿破仑用枪炮将启蒙的精神和革命的精神传遍了欧洲，并且根深蒂固地驻扎下来。拿破仑的失败，欧洲反动势力的卷土重来，波旁王朝的短暂复辟，尽管终结了大革命这一事件，但并没有终结大革命的精神和气质。复辟，并不能召回旧的等级欧洲的幽灵。历史的车轮在现代的轨道上是没法回头的，即便是保守的伯克也不得不承认旧时代已经是一首挽歌了。在19世纪上半期，整个欧洲的实质战争和意见争论就围绕着法国大革命展开。如果说，自由和平等成为这场革命的宗旨——我们也正是在这个意义上说，这场革命是通向现代性的——并且以法律的形式固定下来，那么，这个自由和平等的社会原则，将激起各种各样的意识形态分歧。就这种新的自由平等原则而言，各种阶层表达了自己的看法，这就是三种意识形态的分歧：自由主义、保守主义和社会主义。

五 现代性的冲突

这三种意识形态对革命后的现实表达了自己的立场。在一个否定的意义上,法国革命催生了保守主义。正是因为革命的激进,革命所表达的现代性欲望,革命对一个新世界的追逐,才促使与之针锋相对的保守主义对革命进行全力的抵抗。保守主义最先就是在反革命的氛围中产生的。它对摧毁一切的法国革命痛心不已,即便不是梦想回到革命之前的状态,也要奋力地减少革命带来的震荡和损失。对迈斯特尔这样的保守主义者来说,必须存在一个原初的有机纽带,否则整个社会就会成为一盘散沙。至高无上的权威必须存在,等级、信仰、秩序和教会必须存在,只有他们权力谨严,不苟言笑,威风凛凛,那些邪恶的人性和欲望才会老实本分,和平与稳定才能得到保障。启蒙运动推崇理性主义,宣扬个人自主,怀疑权威,捣毁传统,破坏等级,摒弃信仰,从而让欲望之火到处燃烧,最终播下祸乱之种子。法国大革命就是这样的启蒙理性煽动起来的邪恶之举。它让人人安于其位的有序组织变得混乱不堪。保守主义就这样对变革和进步持有深深的敌意,伯克就呼吁人们撕毁和忘却《百科全书》,并葬送理性。我们看到,这是不折不扣的革命的反动。对尊卑秩序严谨的旧世界的依恋,使保守主义对进步、求新及平等的现代性持有敌意,而这,必定是成熟的现代性促使的对它的反动。

在 19 世纪初期,法国大革命的后果是一种面目模糊的自由主义——它既是自由主义的,也包括社会主义的诸多要素;它既有吉伦特派的温和自由主义,也有雅各宾派的激进主义。在革命期间,这两股势力一波接一波摧毁了王权。激进主义和自由主义的明确分野只是在 1848 年之后。如果说反现代性的保守主义是对法国革命的拒斥的话,那么它就是自由主义的敌人。自由主义的全新之处,就是要将等级秩序打破,甩掉旧制度的一切束缚,每个人在政治上都是自由而平等的公民,可以在法律的框架下与他人自由地竞争。自由主义相信自己代表着历史的进步力量,并且呼吁——同时也预示了——一个现代社会的来临,在这个现代社会中,人们是遵守法律的公民而非服从君主的臣民。在如何对待历史这个问题上,自由主义和保守主义针锋相对。保守主义对现代性充满了惊恐和恼怒,哀叹旧体制和旧传统的消逝,但自由主义的现代性则庆幸和欢呼这种消逝。同样,社会主义对旧体制也毫无好感,在这方面,它和自由主义毫无二致,就这点来说,社会主义同自由主义一样,都推崇一个新的现代社会,都对现代社会的不可逆的进步性抱有信心。同时,自由主义和社会主义都强调公民的平等权,强调法制,强调民主而非君主制。就此而言,自由主义和社会主义同时内在于进步的现代性,内在于大革命的现代性。它们的分歧,是现代性内部的分歧,它们的争斗,是一种现代性同另一种现代性的争斗。在 19 世纪的欧洲,只是因为自由主义战胜了社会主义,现代性的专名权才被赋予了自由主义。

但是，社会主义同自由主义也有根本的差异。自由主义者信奉个人主义，每个人的自主性是它的基本律条，个人和个人之间并不需要强烈的纽带彼此捆绑，人们在社会中彼此竞争，哪怕是造成新的财富不平等，也不能束缚个人先天的自由。社会主义者则反对这种信念，个人主义及其私有财产导致了新的不平等，新的剥削，新的压迫。人们刚从旧制度的剥削中解脱出来，又落入资本主义新的剥削体系中。因此，应该照顾到全体人民的利益，应该将普遍意志作为主权的化身；应该将私有财产埋葬，同时将个人意志融入普遍意志中。这是社会主义的信条。为此，它将毫不妥协地反对自由主义。个人主义是自由主义的基石，却成为社会主义的原罪。在1815—1848年间，出现了三种对待革命现代性的态度：保守主义者"尽可能地约束它们带来的危险"，自由主义者"尽可能地以理性方式实现人类的幸福"，最后是社会主义者"通过与强大的敌对力量作艰苦的斗争来加速推动进步"。"这三种态度的每一种都使自己处于与某种东西的敌对状态。对保守主义者来说,是法国革命;对自由主义者来说,是保守主义;而对社会主义者来说,则是自由主义。"①

这就是法国大革命这一现代性的核心事件所引发的三种意识形态。这些意识形态尽力地按照自己的意图来推动历史的走向。结果是,我们看到了自由主义——它的实践形态是工业资本主义——在19世纪的压倒性胜利。但是,这种胜利——它表现为现代性的日臻成熟——并不意味着使对手沉默无语。对现代性的不满像寄生虫一样一开始就附着在现代性的轨道上。这种不满随着现代性的高涨而高涨,现代性在突进,反现代性如影随形地也在突进。现代性有多少个层面和主张,反现代性就有多少个层面和主张。如果按照贝尔的区分,"把整个社会分解成经济-技术体

---

① 沃勒斯坦:《三种还是一种意识形态?》,杜丹英、王列译,载《现代性基本读本》,汪民安、陈永国、张云鹏主编,河南大学出版社2005年版,第241页。

系，政治与文化"①的话，那么，我们可以区分出针对这不同层面的各种反现代性的面目。同时，这几个层面的现代性本身还相互冲突：文化的现代性在不知疲惫地攻击技术的现代性。事实上，韦伯指出了资本主义现代性的基本悖论：技术系统的现代性同人的解放的现代性的悖论。技术现代性（工具理性）成为一个自主的非人格化的领域，并编织成一个稳靠的铁笼，不断地侵蚀人的自由。技术现代性巨大的但又让人不安的冷漠成就，成为形形色色反现代性主张的基本凭据。首先，它在政治经济上找到了共产主义的对头，其次，它在文化上找到了浪漫主义——它的后期激进版本是现代主义——的反动，最后，它在哲学上遭到了尼采、海德格尔和德里达的全面清算。我们在《共产党宣言》中看到共产主义对资本主义吹响了战斗的号角。在《资本论》中，我们进

---

① 丹尼尔·贝尔：《资本主义文化矛盾》，赵一凡等译，三联书店1989年版，第56页。

一步看到了资本主义的内在肌理,以及这种肌理不可阻挡的衰败性。 这是共产主义在政治经济上对资本主义现代性的反击。 这种反击并非针对纯粹的技术本身,而是针对资本主义体制和技术组成的压迫性同谋,这种压迫性同谋来自追逐私利的个人主义,它血泪斑斑地造就了一个赤贫者占多数的工人无产阶级。 来自左翼的对现代性的反击经卢卡奇、葛兰西,在法兰克福学派这里达到了高潮,他们相信,"随着支配自然的力量一步步增长,制度支配人的权力也在一步步地增长,这种荒谬的处境彻底揭示出理性社会中的合理性已经不合时宜"[1]。 而法西斯主义则是启蒙现代性合乎逻辑的顶点:"启蒙对待万物,就像独裁者对待人。"[2]前者可以肆意地操弄后者。 法兰克福学派敏锐地抓住了韦伯的悖论遗产。 在韦伯这里,这种悖论取得暂时的妥协性平衡,但法兰克

---

[1] 霍克海默、阿道尔诺:《启蒙辩证法》,渠敬东、曹卫东译,上海人民出版社 2003 年版,第 36 页。
[2] 同上书,第 7 页。

福学派则将这种悖论的荒谬性以一种马克思主义的方式加以强化和扩大化——它干脆就拒绝了整个启蒙技术和启蒙现代性。

同时,另一种对技术现代性的文化主义反击持续不断。在卢梭那里,对技术的现代性——它主要的形式是工业主义都市——的反击就拉开了序幕,卢梭对人工矫正自然的技术充满偏见。卢梭的自然主义为大革命期间所爆发的形形色色的浪漫主义奠定了基础。存在各种各样的复数的浪漫主义。它们唯一的共同点就是用主体的激情来取代启蒙运动中至高无上的理性。浪漫主义者受不了理性的单调、沉闷、僵化,他们重新唤醒了激情。A.施莱格尔说:"浪漫诗表现对一片混乱的一种秘密渴望,它无休止地追求新颖惊异事物的诞生,它隐藏在有条不紊的创造的母胎中。"[①]启蒙理性针对的是宗教的非理性的信仰,以及非理性的对权威的盲从。但是,这种

---

① 雷纳·韦勒克:《近代文学批评史》第二卷,杨自伍译,上海译文出版社1997年版,第73页。

算计的理性却又开辟了一种尽管是世俗经验的但还是乏味而平庸的秩序趣味。针对这种多少有些压抑的理性,浪漫主义的反动出现了。各种反理性的浪漫激情都有自己的目标:要么去质朴的田园乡村(华兹华斯);要么亲近泛神论的自然(诺瓦利斯);要么返回宗教的神秘主义(威廉·布莱克);要么经历一种爆炸性的非凡生活冒险(拜伦)。这些浪漫的目标无疑都不再将理性看作人的全部世界,它们一再强调内心的复杂和不可估量,并将人性往充满奥秘的心灵深度拓展。在浪漫主义者看来,显然,理性将人简单化和数学化了。他们的各种行动主张和观念,就是将平庸的理性外壳炸开,使人性的复杂和多样性显露出来。而现代性——尤其是它的技术-经济体系——恰好驱动人在简单化和机器化的路上奔跑,它的最后产物就是马尔库塞所说的"单面人"。如果我们说,双元革命是现代性的成熟时刻,那么,作为革命的氛围的浪漫主义则是对技术现代性的第一个逆动。这种逆动的基础既可能是自然的、神秘的,也可能是现代的——宣称生活中最伟大的莫过于激情和狂喜的拜伦开辟了现代人审美式的生存方式。 在他这里,一种现代人模式,沿着波德莱尔和福柯的路线得以传承,这种现代人在人群中表现得冷漠、孤独而高傲。 他们"制造了诗人被冷酷无情的社会所毁灭的传说;由于庸众的迫害,他们在骄傲中陨灭,但因独立不羁而受到敬仰"①。 这样的现代英雄,恰恰冲破了技术现代性的奴役,开放出一朵朵"恶之花"。

浪漫主义既通向了神秘的直觉、创造和想象,也通向了狂暴、倔强、奔突或者痛苦呻吟的现代主义。 波德莱尔将现在置放在一个至高无上的重要位置。 现时,压倒了过去,它成为现代主义的强烈欲望,并以一种柏格森式的方式往未来绵延不绝地前进。 用帕兹的说法,现代主义者渴望在场,这是他们的隐秘主题。 未来主

---

① 罗兰·斯特龙伯格:《西方现代思想史》,刘北成、赵国新译,中央编译出版社 2005 年版,第 241 页。

义者通过宣言的方式将此演绎得不仅大胆,而且淋漓尽致。他们号召用锤子去砸毁古老的城市,将记载传统的图书馆付之一炬。就这样的现代主义者而言,求新和进步的时间意识,对科学潜能的乐观,是他们所具备的现代性气质的绝对根源——这一点同工业技术的现代性信念并无二致。未来主义者和柯布西耶就同时在文化上和技术上推崇时间的进步。但是,还存在另一种发端于波德莱尔的美学的现代主义,它同社会的现代性之间形成了一道巨大的沟壑。如果说社会的现代性是理性的,那么这样一种现代主义则是非理性和反理性的;如果说社会的现代性是乐观的,那么这样一种现代主义则是悲观的;如果说社会的现代性是进步的,那么这样一种现代主义则是怀疑进步的;如果说社会的现代性是物质的盛大积累,那么这样一种现代主义则在这种物的丰盛积累中看到了衰败和怪异。社会现代性催生了这样一个不妥协地怀疑和批判自己的死硬对头——文化现代主义。现代主义者不仅对社会现代性表现出充满紧张的悲愤,而且愤怒地攻击资产阶级的价值观。资产阶级的清教伦理被现代主义的狂暴和忧郁撕裂了。用阿道尔诺的说法,"损毁的胎记就是现代派的真实性证书;它也正是借此绝望地否定着一成不变的封闭整体性;爆炸就是它恒定的本相之一。反传统的能量成了吞噬一切的漩涡。在这个意义上,现代派是针对自己的神话;其超越时代性成了打破时间连续性的瞬间的灾难"[①]。现代主义和现代性的冲突,就是贝尔所说的资本主义的文化矛盾。在技术现代性组织起来的社会中,由于强烈的不适而难以抑制的狂躁成为现代主义的冲动。

现代性在遭到了政治上的共产主义、文化上的现代主义的攻击后,还遭到了哲学上发端于尼采的后现代主义的攻击。(当然,列奥·施特劳

[①] 哈贝马斯:《现代性——未完成的工程》,丁君君译,载《现代性基本读本》,汪民安、陈永国、张云鹏主编,河南大学出版社 2005 年版,第 109 页。

斯这样的保守主义者也是现代性望而生畏的对手。)尼采哲学的后现代性恰好是通过美学的现代性得到表达的。尼采将美学上的现代主义和哲学后现代性嫁接起来。在尼采这里,美学的现代性观念被强行挪用为哲学的出发点:审美不仅仅发生在艺术领域中,而且发生在现世的生活领域。要以审美的方式——而非理性的方式——来看待世界和人生。尼采推崇一种风格化的个人,推崇一种创造、自由和充满激情的格调,这无疑同拜伦、波德莱尔等高傲的现代主义者相距不远。尼采的超人是进取的、生机勃勃的,并充满着一个乐观的未来远景,这是典型的现代态度。同时,他以高亢的声调对基督教展开批判,并赋予世俗经验和感官性的身体以充沛的热情,这显然是启蒙主义升级的激进化版本。但是,尼采又处在启蒙传统之外,他对理性的攻击绝不逊于对基督教的攻击,他的活跃的对抗式的权力意志概念使得牢固的本质主义发生了决定性的松动,透视主义取代了普遍主义。世界无非是力和力的竞技性结果，而不是一种深层的埋藏着某个基础的派生性结构。启蒙理性的普遍图式让位于力的嬉戏。尼采，通过海德格尔，直到德里达，这个传统使整个现代哲学的大厦坍塌了。后现代性首先是从观念上对现代性的反动。既可以将后现代性称作现代性的激进表述，也可以将它看作对现代性的抛弃和拒斥。在后现代性的凝视之下，现代性的暴政一如它一再铭写出来的伟大自由成就一样夺人耳目，它变成了一个难以驾驭的双面巨兽。这样，今天的思想事件就是，要么像列奥·施特劳斯那样，以回到古代并且将古代神秘化的方式来拒绝现代；要么像哈贝马斯那样，满怀信心地在现代性传统中改造现代，将现代性一分为二，然后去芜取精；要么像福柯和德里达那样，对现代性失去了耐心，最终毅然地跨过现代性，来到一个全新的蛮荒之地，并承受着风雨飘摇般的打击。现代性，正是在这里，踏上了末路。

后 记

这本小书写于2004年。它先是作为一本现代性的选编文集的前言而写的,而后又蒙陶东风先生的美意放在他主编的一套"关键词"丛书中出版。现在,这两个版本都已经不见踪影。这本书非常单薄,单薄得像一本书的大纲,但是,它也是我读书思路的历史见证。所以,我还是决定将它再版。

我在一个狭窄的空间里断断续续地写完了这本书。那段时间非常忙碌,非常焦虑。但不知为什么,我居然写完了这个小册子——而且现在读起来居然还有一点从容的感觉。由此,我得到了一个教训。这就是,一个人能不能够写作,关键是有没有写作的欲望,而不是有没有时间,有没有空间——如今,我的时间和空间都很充分,但我担心的是,我不知道什么时候会丧失写作的欲望。

汪民安

2011 年 11 月 25 日

再版后记

开始写一本书的时候,你根本不知道这本书将来会有什么样的命运。有些书,你抱有很高的期待,你想象会有一些人谈论它阅读它肯定它或者批评它,你想象这本书会引发一点喧嚣。但是,通常的情况是,这个期待最后完全落空:书一出版放到书店中,就像一碗水倒入大海中一样,瞬间就销声匿迹了。但有时候,你漫不经心地完成了一本书,你甚至根本不把它当回事,你对它是否能够顺利出版也不在意,但是,这样一本书有时候反而会激起一点涟漪。无论如何,书一旦出版,就会脱离作者的控制而获得自己的命运。

对我来说,这本小册子《现代性》就是这样一个经验。我刚完成它的时候,感觉就是完成了一个任务:我当时和朋友们编选了一本厚重的文集《现代性基本读本》,作为编者,我必须为这个文集写一个编者前言。作为一本书的前言,它写得太长了,有好几万字。但是,反过来,作为一本书,它又太短了——它如此短小,我甚至没有想到将它出版成一本书。因此,当它真的因为朋友的好意而被做成一本书来到我的桌前的时候,我并没有认真地对待它。它又小又轻,给人感觉微不足道的样子,好像只配待在一个隐蔽的角落。我很快就遗忘了它。不过,我没想到的是,它的首印5000册很快就卖完了。过了不久,南京大学出版社又印了5000册,过了两年又卖完了。在这期间,我偶尔还当面听到有人提起这本我当初毫不在意的书。现在,南京大学出版社决定再版这本书。我终于承认,这本书也有它的读者,或者说,也有它的超出我预想的命运。我还要承认一个简单的常识,一本书的意义,也不取决于它的篇幅。

也就是说，不是取决于在这本书中写出了多少句子，而是取决于写出了怎样的句子。

汪民安

2019 年 12 月 29 日

图书在版编目(CIP)数据

现代性 / 汪民安著. —南京:南京大学出版社,
2020.5(2024.9 重印)
ISBN 978-7-305-22682-3

Ⅰ.①现… Ⅱ.①汪… Ⅲ.①现代主义—研究
Ⅳ.①B089

中国版本图书馆 CIP 数据核字(2019)第 251911 号

出版发行	南京大学出版社
社　　址	南京市汉口路 22 号　　邮　编　210093
书　　名	XIANDAIXING **现代性**
作　　者	汪民安
责任编辑	甘欢欢
照　　排	南京紫藤制版印务中心
印　　刷	南京爱德印刷有限公司
开　　本	787×1092　1/32　印张 7.25　字数 93 千
版　　次	2020 年 5 月第 1 版　2024 年 9 月第 6 次印刷
ISBN	978-7-305-22682-3
定　　价	45.00 元
网　　址	http://www.njupco.com
官方微博	http://weibo.com/njupco
官方微信	njupress
销售咨询	(025)83594756

* 版权所有,侵权必究
* 凡购买南大版图书,如有印装质量问题,请与所购
　图书销售部门联系调换